文艺界的旗帜和楷模：

阎肃

李娟娟 / 编著

人民出版社

文艺大家 时代楷模——阎肃

携一串欢笑乘云去,留几句妙词带霞来。

——阎肃

目 录

序　章　一片丹心向阳开..................................1
　　　　从教会学校到南开中学......................3
　　　　投身时代大潮..................................4
　　　　弃学从军..7
　　　　军旅艺术创作之路............................10

第一章　红心向党、追梦筑梦的忠诚战士..........15
　　　　始终跟党走的"六次选择"................17
　　　　为雪域高原的战士而歌....................31
　　　　"京腔京韵自多情"的春节晚会..........35

第二章　勇立潮头、奋斗不息的时代先锋..........41
　　　　拥抱时代的强军之声........................43
　　　　与时代同行的独幕歌剧《刘四姐》......47
　　　　中国歌剧史上最经典的
　　　　　　革命浪漫主义英雄史诗——《江姐》......49
　　　　《江姐》为党提气、为民鼓劲..............55
　　　　《红梅赞》风靡全国，周总理带头高歌......60

受到毛主席的单独接见……62
唱不尽、演不尽的《江姐》……66
满怀激情，"神速"创作《党的女儿》……74
排练临时救场与"三场演员"……82
《敢问路在何方》的时代意义……86
为打假而作《雾里看花》……94

第三章 服务部队、奉献社会的文艺标兵……101
台前的风采与幕后的勤奋……103
为兵而作《我爱祖国的蓝天》……110
《军营男子汉》提振军人士气……123

第四章 品行高洁、德艺双馨的道德楷模……131
"德"于普通与平凡中……133
道不尽的电视"缘"与"春晚"情……146
坐镇青年歌手大奖赛30年……156
"时代楷模"熠熠光辉……162

尾 声 只愿香甜满人间……169
发病住院，牵动万人心……171

86岁人生铸就中国梦 173
红心向党，誓言留人间 175
德艺双馨，后人永铭记 179
奋斗不息，唱响主旋律 184
一生爱兵，谱写强军歌 188
亲人怀念，真挚情更深 193
泪别阎肃，芳名留千古 196

附录1 中共中央宣传部发布"时代楷模"
　　　阎肃的先进事迹 211
附录2 阎肃在全国文艺工作座谈会上的发言
　　　（2014年10月15日） 214
附录3 阎肃生平 218
附录4 阎肃创作的经典歌词15首 225
后　记 241

序　章　　　　　　　　　　一片丹心向阳开

你们谁爱走谁走,反正我是不走。要走你们走,我要留下来迎接解放军。

——闻肃

从教会学校到南开中学

1937年抗日战争爆发，为躲避战争的祸乱，7岁的阎肃跟随家人逃离老家河北。在父亲的带领下，一家老小从河北逃到了武汉。但是随着日本侵略者不断扩大的战火，武汉也陷入了侵略者的魔爪。小小年纪的阎肃跟随父母一家人，被迫又开始了逃亡之路。几经辗转，一家人终于来到了重庆。

想不到他们刚刚到重庆，日本侵略者的飞机又对手无寸铁的重庆人民连续进行了野蛮残酷的轰炸。重庆的惨遭血洗，让刚刚在重庆慈母山脚下一座天主教堂落脚的阎家一家人虽然保住了性命，家中财产却损失殆尽。一家人的生活顿时没有了着落。

为维持一家人的生计，阎肃的父亲出去找工作，母亲带着阎肃和弟弟栖身在教堂，并帮助教堂浆洗衣服，童年的阎肃也从此走进了教会学校开始读书。

在教会学校里，虽然每天都要读经祷告，但是可以学习数学、国文，以及英语、拉丁语。还有那个老教父，不仅是个晚清秀才，而且满口四书五经。在他的教授下，阎肃在小学时就打下了扎实的古文底子。

阎肃天赋聪明，又热爱学习，不仅学习成绩非常优秀，老是考第一，还受到了学校的重视，准备把他推荐到高级修道院学习天主教。在大主教的心目中，成绩优秀的阎肃是被当作未来的"教父"培养的。

但是5年后，阎肃还是离开了教会学校。尽管他在教会学校获得了很多荣誉，尽管教堂大主教不舍放他走，甚至将他痛骂一顿。但是阎肃还是毅然选择离开，考进了当时重庆最好的中学，这就是战时由天津南迁到重庆、当年非常有名的南开中学。

投身时代大潮

少年阎肃由教会学校考进南开中学时是1946年，当时正值中国的解放战争正式爆发，刚刚经历了抗日战争、饱受战乱之苦的中国人民更加向往自由，痛恶战争。因而考入南开中学的阎肃，不仅走进了一个丰富、开阔的学习环境，更赶上了一个"追求进步就是民心所向"的时代。

生活、学习环境的改变，让聪明好学的中学生阎肃学习成绩更加优秀，并从多方面接受了戏曲、戏

青年时期的阎肃。

剧、武侠小说的熏陶。而对这个时期的阎肃来说，最重要的，还是他在时代的感召下，投身时代大潮，接受民主革命思想。

考进南开中学后，阎肃遇到了他革命人生道路上的第一位引路人，这就是他的语文老师、中共地下党员赵晶片。在这位共产党人的影响下，中学生阎肃第一次听到了鼓舞人心的歌声，并且也跟着老师唱起了

"兄妹开荒""大刀向鬼子们的头上砍去""山那边哟好地方，讲民主呀爱地方"等来自延安的歌曲。

每当跟着老师唱起这些歌曲时，中学生阎肃都会感到振奋，只觉得满腔热血在沸腾，一股革命激情在心头升起。对当时的情景，阎肃曾回忆说：

"那个时候，重庆的街头经常传来一阵阵靡靡之音，让人听了感觉很迷茫。唯有延安传来的歌声给人鼓舞和力量，振奋人心……"

在共产党员赵晶片老师的影响下，中学生阎肃开始大量阅读"五四"以来追求民主进步的文学作品，这其中有新诗，有鲁迅的作品，也有老舍的戏剧和巴金的小说，还有苏联时期的《铁流》《毁灭》等著名文学作品。

他读起来如饥似渴、爱不释手。他也接触了当时的红色刊物《新华日报》。当然最令他心潮澎湃、无限神往的还是来自红色延安的民主自由的先进思潮。

他开始读马克思的《共产党宣言》，读毛泽东的《新民主主义论》。后来那位引导他走向革命道路的共产党员赵晶片老师被国民党特务逮捕，惨遭杀害，重庆还发生了国民党特务残害民主党派和无党派人士的校场口血案。面对接连的残酷现实,青年阎肃震惊、愤怒,心中早已萌发的革命信仰更加坚定。他终于觉悟到,只有跟着共产党,坚定革命立场,才能走向光明的未来。

怀着一颗积极向上、追求革命的赤诚之心,考入重庆大学的阎肃参加了历次学生爱国运动。作为中共地下党外围组织的一员,他走在游行学生队伍的最前列,高呼"反饥饿、反内战""要民主、要自由"的口号。

尽管学生运动遭到了国民党当局的残酷镇压,但是在特务警察抡起带着铁钉的大棒子面前,在一次次的流血冲突发生、甚至有人献出了年轻生命时,年轻的大学生阎肃都经受住了考验,忠诚的红色信仰更加坚定。就如后来阎肃说过的那句话:

"那时,我对共产党最朴素的心理就有了。"

弃学从军

重庆解放前夕,曾经担任过一家企业经理的父亲不知以后会有什么样的境遇,准备带领全家去台湾。

文艺界的旗帜和楷模：阎肃

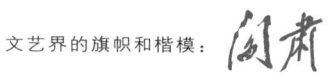

早已坚定信仰的阎肃对家里说：

"你们谁爱走谁走，反正我是不走。要走你们走，我要留下来迎接解放军。"

于是，一家人都留在了重庆，一起迎来了重庆的解放。此时的阎肃，不仅是重庆大学的学生，更成了新中国最早的一批青年团员。

从朝鲜战场回来，艺术工作队大部归建部队，阎肃（左）终于穿上梦寐以求的军装，开始了他长达半个多世纪的文艺兵的岁月。

上到大学二年级的时候，组织又找阎肃谈话了：

"你可不可以考虑不念书了？"

阎肃没有说话，他不知道组织要派他做什么。

"来西南工委青年艺术工作队搞宣传吧。"

大学生阎肃二话没说，收拾好行装就跟着部队走了。

就这样，大学二年级的学生阎肃毅然放弃了学业，成为中国人民解放军第二野战军所属的西南军区青年艺术大队的队员。

不久，经历了土改，曾经担任土改工作队秘书长的西南工委青年艺术队员的阎肃跟着部队开进了朝鲜，慰问战斗在前线的中国人民志愿军。在朝鲜前线，他们白天到战士身边了解英雄事迹，回来后编写，晚上就给战士们表演。

在朝鲜前线，阎肃经历了生活环境的艰苦，也亲历了战争的残酷……

从朝鲜回来后，由于西南工委青年艺术队改名，阎肃也从原来青年艺术队的队员成了西南文工团的演员。

军旅艺术创作之路

1955年,随着当时几个大军区的撤销,阎肃也随着原西南军区歌舞团的大部分人调入了空政歌舞团,从此在空军一干就是60年。

阎肃极具文艺天赋,不仅能演、能唱、能跳舞,是个受战士欢迎的"一专、三会、八能"的文工团演员,而且有文化,聪明又勤奋好学,因此除了表演,阎肃也非常喜欢编写。

凭着深厚的古文诗词底子,阎肃从尝试创作诗歌、歌词开始发表作品,后来为部队创作演出活报剧,并为部队创作完成了第一部独幕歌剧《刘四姐》。

独幕歌剧《刘四姐》演出获得成功后,部队领导决定调阎肃专职搞创作。但是阎肃虽然喜欢写作,却更喜欢当演员,尽管心中对领导的决定并不情愿,但是一辈子服从党的安排、听从党的召唤的阎肃,二话没说,坚决做出了服从组织的决定。

从此,文工团演员阎肃从台前走向幕后专职搞创作,也开始踏上了他在空政文工团长达60年的军旅艺术创作之路。

阎肃随《江姐》剧组赴驻福州部队巡演，阎肃和基层官兵在一起最快乐！他当年入伍也差不多是这样的年龄。

成为部队专职创作员后，阎肃依然坚决服从组织安排，坚持深入基层下连队，到艰苦的环境中体验生活，并接连为人民子弟兵创作了多部壮军威的强军之歌：

第一次深入空军基地，担任机械员、副指导员工作一年后，阎肃创作完成了鼓舞了几代空军官兵、传唱几十年至今的《我爱祖国的蓝天》。

颠簸18天，阎肃和战友们来到海拔四五千米、零下40多摄氏度的西藏高原解放军部队驻守的兵站。亲历严重的高原反应和艰苦环境的生活，体验了当代军人的"风雪"坚守后，阎肃为雪域高原的战士创作完成了《雪域风云》。

20世纪60年代，在国家刚刚经历了3年困难时

文艺界的旗帜和楷模：阎肃

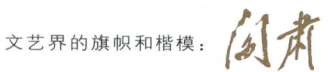

1983年，阎肃（左二）等人在山东采风。

期、很多人对新中国未来走向何方产生困惑的时代大背景下，阎肃仅用18天就创作完成了为党提气、为人民鼓劲，被誉为中国歌剧史上最经典、具有时代里程碑意义的革命浪漫主义史诗——歌剧《江姐》。

鼓舞革命斗志、激荡爱国情怀的歌剧《江姐》唱响祖国大地，《红梅赞》《绣红旗》更是传唱几十年至今……

改革开放的20世纪80年代，面对经济迅速发展、人民物质生活水平不断提高的新形势，阎肃为身处待遇低、条件艰苦的部队战士创作了鼓舞官兵士气的强军之歌《军营男子汉》。

新形势下，阎肃又创作了鼓励人们面对改革开放的大好形势，勇敢往前走，并深为人民群众熟悉和喜爱的《敢问路在何方》，以及顺应时势、为打击假冒伪劣商品、提醒人们识别假货而创作的《雾里看花》。

改革开放的年代，"结缘"电视的阎肃，更为全国人民奉献了"春晚""青歌赛"等的策划与创作。此外，总政双拥晚会、文化部春节晚会、公安部春节晚会，以及人们熟悉的《星光大道》《我要上春晚》《我家有明星》……也都处处留下了阎肃为民为兵的艺术创作脚步。

为纪念中国共产党建党70周年，阎肃在苏联解体、东欧剧变的国际形势下，坚定信念，满怀激情，用18天完成了歌剧《党的女儿》剧本。

从艺65年，阎肃始终以一颗对党无限忠诚的红心，追梦筑梦、辛勤创作；始终站在时代的琴弦上，创作了一千多部（首）讴歌主旋律、汇集正能量的文艺作品。

阎肃为时代而歌、为民为兵而作的经典作品，不仅鼓舞人心，为人民群众、部队官兵所熟悉喜爱，更获得了无数的大奖和荣誉。

2015年11月29日,中宣部在中央电视台向全社会广泛宣传"时代楷模"阎肃的先进事迹。

2016年2月12日3时07分,一代卓越的军旅艺术家阎肃在京病逝,享年86岁。

第一章　　红心向党、追梦筑梦的忠诚战士

我的信条就是"党叫干啥就干啥",所以我坚决服从组织的安排,而且要求自己努力做好本职工作。

——闫肃

始终跟党走的"六次选择"

回顾自己曾经走过的人生历程,阎肃说:"我这一辈子,做了 6 个正确的选择。"就让我们走进阎肃始终跟党走的"六次选择",从而更加深刻感悟阎肃那胸怀中国心、书写中国梦,对党对人民无限忠诚的追梦筑梦人生。

第一次选择:离开教会学校

阎肃第一个人生转折的重要选择是在 1946 年。那一年,16 岁的阎肃做出了离开他正在读书的教会学校的选择。他考取了当年重庆最好的学校——南开中学,但是一直把阎肃作为重点培养对象的教堂大主教却舍不得放他走。因为阎肃在教会学校,是一个学习成绩一直非常优秀的学生。

阎肃上学时,他就读的教会学校有一个不成文的规定,就是每天早上在钟楼上敲响晨钟的人,必定是学校里学习成绩最好的同学。在教会学校上学的 5 年时间里,阎肃有 4 年都是因为考试第一而去敲钟,那是代表了教会学校的一种最高荣誉,可以想见少年阎肃学习成绩的出类拔萃。

也正因此，阎肃离开教会学校时，竟也颇费一番周折。最后虽然经多次要求，修道院才同意他转走，但在临走前辞行时，一向斯文、待人彬彬有礼的大主教一扫儒雅风度，将一心要去南开中学读书的阎肃骂了个狗血喷头。临了，他仍不甘心地对阎肃说："我那么培养你，你还要离开，你应该做上帝的仆人。你们'下江人'不可靠，背信弃义……"

怎奈少年阎肃要去南开读书的心意始终不改，虽然他也觉得有些对不住大主教。见他去意已决，伤心的大主教只得抬起手臂挥了几下，让阎肃走了。

第二次选择：坚定地留下迎接重庆解放

阎肃的第二个人生转折的重要选择，是在他来到重庆南开中学和后来在1948年考上重庆大学的读书时期。那时正是追求民主自由、向往光明的新思潮涌动的时代，一腔热血、心潮澎湃的进步青年阎肃做了投身时代大潮的选择。他学唱延安的红色歌曲，阅读进步的书籍，加入地下党的外围组织，走在了学生游行队伍的最前面。

面临重庆的解放，阎肃坚定地选择留下，他要迎接人民解放军的队伍。阎肃的这一次选择，也让他的父亲和全家人留了下来。父亲原来打算去台湾，后来又有朋友帮忙买好了去香港的船票，但是因为阎肃的选择，无论是台湾还是香港，父亲都放弃了。像阎肃一样，全家人一起迎来了重庆的解放。

阎肃的第二次人生的正确选择，无疑源自他在民主进步思想的影响下而日益坚定的红色信仰，就如阎肃回忆他当年在重庆解放前夕选择"留下来迎接解放军"的真实想法时说的那样：

"迎接共产党还来不及呢，干吗要走？"

第三次选择：听从党的召唤放弃学业

阎肃第三个人生转折的重要选择，是他在重庆大学上二年级时。那时的阎肃，听从党的召唤，毫不犹豫地放弃了正在攻读的大学学业，转而投身到建设新中国的社会主义革命事业中。

在当时的社会形势下，年轻的社会主义共和国刚刚成立，国家正是需要社会主义建设各方面人才的时候。如果阎肃那个时候选择继续完成学业，毕业后再去报效祖国也是非常正常的，但是因为组织找他谈了话，要求他不要再念书，要去为党、为社会主义祖国工作。于是，大学生阎肃毅然结束了他在重庆大学刚刚两年的学习，按照党的要求，成为当时西南工委青年艺术工作队搞宣传的一名骨干队员。

从在校学习的大学生，到青年艺术工作队的队员，是青年阎肃为响应党的号召放弃学业、投身革命的第三个人生选择，让我们看到，这个时期的阎肃，就已经是一个具有一切以党的利益为重，对党无限忠诚的高贵思想品德的青年。

谈及自己的第三次人生重要选择，阎肃说：

"我当时的想法就是，党需要我放弃学业，我就放弃，而且感到很光荣。"

第四次选择：服从组织安排，从台前转入幕后

阎肃第四个人生转折的重要选择是在1958年。在这之前，阎肃已跟随西南军区文工团的大部分人员编入空政文工团的合唱队。这一年，阎肃创作的第一部独幕歌剧《刘四姐》正式演出，并获得一致好评。

《刘四姐》的大获成功，也让领导发现了阎肃的

第一章 红心向党、追梦筑梦的忠诚战士

2015年12月15日,北京京西宾馆,阎肃艺术成就研讨会现场。

　　创作才华。于是在成立空政歌舞团的时候,领导正式通知阎肃,把他从舞台调到幕后,担任专职创作员。

　　面对组织的决定,阎肃的选择仍然是二话没说,服从分配。从台前走向幕后,既是领导的安排,也是阎肃第四次毫无条件的人生选择。尽管从心底里,他对这次领导的安排和分配并不愿意,因为相比于幕后专职创作,阎肃更热爱表演,也更喜欢舞台。

　　平时演戏,阎肃不仅扮演过侦察兵,也演过美国兵,还演过老头,演过傻子,也演过像穆仁智之类的许多反派角色。虽然很多都不是主要角色,但是由于阎肃在舞台上尽情发挥的表演,使得他几乎每次都抢戏。

　　阎肃还能唱歌,能跳舞,能编故事。下部队为战士演出，还说相声，而且他说的相声大多是现编现演，十分受欢迎。相声一说起来，老是返场，一连说上六七段都不让下来。所以一直在台前的阎肃，总是受到表扬、得到嘉奖。

因而阎肃回忆说：

当时调我去搞专职创作，我心里并不愿意去。原来我在台前演，我会指责搞创作的人这写得不好，那写得不好。现在我去搞创作，当然也就会轮到别人来指责我了。真要是搞不好创作完不成任务，别人指责不说，表扬、嘉奖就更谈不上了，所以当时心里就是不愿意去。但我是党员，我的信条就是"党叫干啥就干啥"，所以我坚决服从组织的安排，而且要求自己努力做好本职工作。

阎肃是这样说的，也是这样做的。从此，28岁的阎肃正式走上了专业创作的道路。

第五次选择：积极面对下部队锻炼

阎肃的第五个人生重要选择是深入部队，当兵锻炼。那是在 1959 年，刚刚从前台转入幕后担任专职创作员的阎肃，被组织安排下部队当兵。一向服从领导分配，信守"党叫干啥就干啥"的阎肃，仍然是二话没说，打起背包就出发了。

可是真正下到了连队、当上了一名普通士兵后，阎肃可就有点接受不了了。因为他每天除了主要工作就是种菜，而且从买菜籽、撒菜籽，到育秧、分苗，再到平地、担水浇水，直至浇粪施肥、除草捉虫都得干，琐碎辛苦不说，简直没有一点技术含量。

阎肃觉得，自己干的这种活儿，可以说跟连队雇用的一个农民工没什么两样。从堂堂的歌舞团专职创作员到一个种菜的农民，实在是相差太远了！阎肃只觉得从心理上几乎无法承受。在这样的情况下，阎肃可以选择毫无作为地混日子，也可以选择积极面对主动作为、真心体验。

这时候，阎肃做出了积极面对、努力锻炼的正确选择。正是这个正确的选择，让阎肃在这次下连队当兵体验生活的锻炼中，创作出《我爱祖国的蓝天》——他最经典的代表作品之一。也正是他这个人生转折的第五次重要选择，为他日后半个多世纪的军旅艺术创作生涯奠定了坚实的基础。

第六次选择：坚决不脱军装，在部队搞创作

阎肃的第六个人生转折的重要选择就是坚决不脱军装。那是在"文化大革命"中，阎肃被调去编写现代芭蕾舞剧《红色娘子军》后，又被借调到中国京剧院编写"样板戏"，担任创作组组长，从事当时中央文革直接抓的"样板戏"的创作工作。

不久，一位首长看上了工作认真又有才干的阎肃，就想让他脱掉军装，直接调到文化部委以重任。但是阎肃觉得自己不是当领导的材料，最适合的工作还是在部队搞文艺创作，另外更重要的是，自己不能脱掉这身军装，所以他没有同意。

后来那位首长又接连找到阎肃，劝他脱掉军装，去文化部上任，但都被阎肃婉言谢绝了。阎肃的谢绝，自然招来那位首长的不满，并且当面问阎肃："你不想跟首长干革命啦？"

阎肃回答说：

"自参加革命以来，什么都可放弃，但唯有这身军装难以舍弃。"

看到阎肃的态度如此坚决，那位首长从此便再也没有提起此事。

从告别教会学校考进南开中学到投身时代大潮迎接重庆解放，从放弃学业投身革命到服从分配从台前到幕后，从深入部队当兵锻炼到坚决不脱掉军装，阎肃在人生的关键时刻，毫不犹豫做出的果断选择，无一不让我们看到，在他走过几十年的风雨人生和军旅艺术生涯中，唯一不变的，就是他矢志不渝地相信党、热爱党，永远跟党走的一颗忠心。就如他在歌剧《江姐》写的那样，"一片丹心向阳开"！

气壮山河的《长城长》

都说长城两边是故乡，
你知道长城有多长，
它一头挑起大漠边关的冷月，
它一头连着华夏儿女的心房。
太阳照长城长，
长城雄风万古扬。
太阳照长城长，
长城雄风万古扬。

文艺界的旗帜和楷模：阎肃

你要问长城在哪里，
你看那一身身一身身绿军装。

都说长城内外百花香，
你知道几经风雪霜，
凝聚了千万英雄志士的血肉，
托出万里山河一轮红太阳。
太阳照长城长，
长城雄风万古扬；
太阳照长城长，
长城雄风万古扬。
你要问长城在哪里，
就在咱老百姓的心坎上。
太阳照长城长，
长城雄风万古扬；
太阳照长城长，
长城雄风万古扬。
你要问长城在哪里，
就在咱老百姓的心坎上，
心坎上……

这是在 20 世纪 90 年代，阎肃与作曲家孟庆云合作创作的《长城长》。歌曲一经播出，立刻在全国全军引起了强烈反响。千百年来，长城一直以它蜿蜒巍峨的气魄屹立在东方，是中华民族文化的象征，也是中华民族的骄傲。

多少时刻，无论是想起长城的海外游子，还是亲

2015 年 7 月，阎肃在北京人民大会堂接受新华社记者采访。

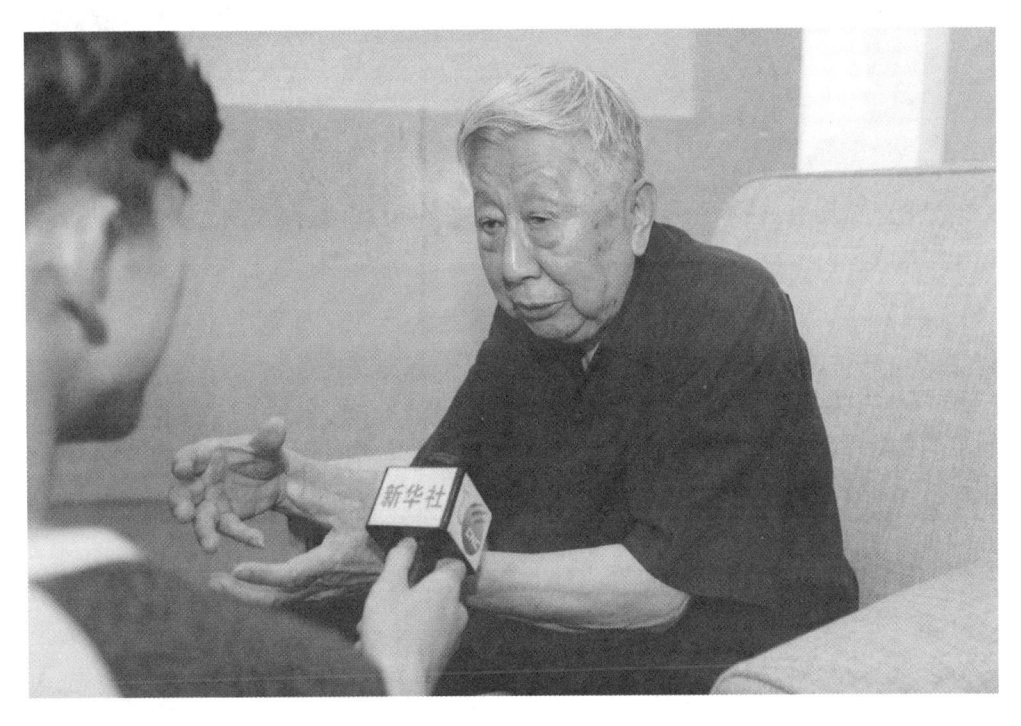

文艺界的旗帜和楷模：阎肃

在阎肃作品音乐会上，王丽达演唱《长城长》。

临长城的中国好汉，无不为长城伟大的气魄所迸发出的民族激情而心潮澎湃。而阎肃正是在《长城长》中以无限的激情，抒发了热爱祖国、忠于祖国的深厚情怀。

谈起《长城长》的创作，阎肃回忆说：

我曾经去大漠边关采风，也亲自登上了嘉峪关，到了敦煌和第一烽燧，我体会到了中华民族文化的气魄，也感受到了大漠的冷月荒城。想起这些，竟让我在晚上很长时间无法入眠。于是我在半夜间从床上爬起来，总觉得应该写一些什么，却不知该怎样落笔。

写情怀？写寂寞？还是写艰苦？又都觉得差了点

什么，味道不够，这个主题就搁浅了。直到两年后，总政搞《长城颂》，一直蛰伏的感受如同电光石火般燃烧了起来……

燃烧的激情，让阎肃想起了当年被国民党特务杀害的中共地下党员、他的革命引路人赵晶片老师；想起了参加学生运动游行的学生被装满铁钉的棒子打得遍身血迹；想起了朝鲜战场一座连着一座、一片连着一片、全都朝着祖国方向的志愿军烈士墓碑；想起了驻守在海拔四五千米，零下40多摄氏度的西藏高原的解放军战士……

于是，"你知道几经风雪霜，凝聚了千万英雄志士的血肉，托出万里山河一轮红太阳""长城雄风万古扬。你要问长城在哪里，就看那一身身一身身绿军装。""你要问长城在哪里，就在咱老百姓的心坎上心坎上"等经典歌词，如同火山爆发般喷薄而出……

一首气壮山河、荡气回肠的《长城长》终于创作完成，它凝聚了阎肃对祖国，对人民子弟兵赤胆忠心的一片真情，也启迪了人民在热爱中华民族的同时，更加体会到祖国今天繁荣昌盛的来之不易。

文艺界的旗帜和楷模：阎肃

几经传唱的《长城长》在20世纪90年代获得战士最喜爱的军旅歌曲奖和全军文艺奖。之后不久，阎肃又一鼓作气接连创作了被誉为《长城长》姊妹篇的《黄河黄》《长江长》。

黄河的水金闪闪的黄，
黄河的子孙刚劲劲的强。
老祖宗用它浇大地呀，
留给咱一样样的志气，一样样的力量；
留给咱一样样的志气，一样样的力量。

长江长，长江长，
江山万里齐欢唱；
长江长，长江长，
共求中华更富强，
更富强！

一个"金闪闪"的黄，一个"刚劲劲"的强，一句"长江长，长江长，共求中华更富强，更富强"。在《黄河黄》和《长江长》中，阎肃分别用朴实而带有黄河流域浓郁风情的语言和美好的祝愿，表达了他对黄河母亲、长江母亲河的恢弘气势的由衷赞美和无比自豪的深情。

从长城到黄河，从黄河到长江，从"凝聚了千万英雄志士的血肉，托出万里山河一轮红太阳"到"黄河的水金闪闪的黄，黄河的子孙刚劲劲的强"，再到"长江长，长江长，共求中华更富强"，阎肃把他的笔墨洒满了中华大地，字字句句都浸满了一个热爱祖国、忠于祖国的共产主义战士的真情。更让我们看到了一个追赶时代、弘扬正气的阎肃，一个站在时代琴弦上，为时代放歌的阎肃。

为雪域高原的战士而歌

《雪域风云》是阎肃为驻守在西藏高原的解放军战士献上的一部歌剧。都知道西藏高原条件艰苦，但或许只有亲临西藏雪域高原，亲历西藏高原的寒冷和气压低、缺氧带来的高原反应的人，才能真正体会到什么是真实的雪域高原的艰苦生活。

1964 年，为写《雪域风云》剧本，阎肃跟随空政文工团创作队一起去西藏高原采风、体验生活。那时已是12月中旬，他们坐在解放牌大卡车的驾驶棚里，从西宁出发，经格尔木、倒淌河、五道梁、唐古拉，顶着风雪严寒，沿着青藏高原蜿蜒的盘山公路一路前行。一行人白天赶路，晚上就宿在部队的兵站。那时候，他们没有什么驱寒设备，也没有高压锅，吃的是外面是糌糊、里面是面粉的馒头，喝的就是煮了半天，伸手一摸还没有热的"开水"。

晚上睡觉时，因为天气实在是太寒冷了，尽管阎肃受到战士们的特殊照顾，给他下面垫了四床被子，上面盖上五床棉被，可是阎肃穿着绒衣绒裤钻进去，还是一点热乎气儿都没有。缩成了一团"得得"打战的阎肃，感觉就像光着身子躺在雪地里一样。

越走山越高，越走天越冷，高原反应让人两腿发软，呼吸困难，再加上雪域高原的极度寒冷，阎肃只觉得被折磨得死去活来，似乎多待一天就多一份煎熬。就是在这样艰苦的环境下，他们的大卡车一路颠簸了18天，终于到达了海拔四五千米、零下40多摄氏度的目的地。

历经百般磨难，千辛万苦的阎肃终于松了一口

2009年4月15日，阎肃在慰问军队院士候选人遴选会议专家演出现场。

气，心里想：除了此地之外，大概再也没有任何地方叫"艰苦"了吧。可是第二天一早天亮时，一小战士叫阎肃去喝粥时，阎肃看到，这个驻守兵站的战士满脸都是瘢痕，不禁为之一振。他知道，那是雪域高原紫外线过度的照射和凛冽的寒风"送"给战士的"礼物"。

于是，阎肃问小战士：

"你来这里的兵站多久了？"

小战士回答说：

"快4年了。"

小战士的回答，让他的心里受到了更大的撞击：想不到这位战士已经在这零下40多摄氏度的高原雪线上驻守多年，高原的凛冽寒风给了他满脸的瘢痕，高原的皑皑白雪也让他的眼睛患了雪盲！

阎肃的心被震撼了，他不由向这个常年驻守在雪域高原的战士深深地敬了个军礼，激动地说：

"你真是英雄，真是英雄！"

这一次高原采风的经历，让阎肃深刻体验了一把当代军人的"风雪"坚守，也让他创作出了讴歌顶严寒战风雪、坚守在雪域高原的当代军人的《雪域风云》。

后来，阎肃又去了一次西藏，在雪域高原又住了一段时间。因单位有紧急任务，阎肃是坐飞机返回的北京。虽然坐飞机比乘大卡车快多了，但是阎肃仍然经历了一把雪域高原特有的恶劣气候的"洗礼"。

他们当时坐的飞机是能坐十几个人的美国制造的军用小型运输机。因为这架飞机并不是全密封的，所以每个人都配备了一个氧气面罩，以便在飞越唐古拉山脉时使用。

就在飞机临起飞前，突然又上来个老军管处长，但此时飞机已经没有座位了。年轻的阎肃二话没说，就把座位让给了那位老处长，自己则挤进了驾驶舱，抱着一个氧气枕头。

但是没想到，飞机刚刚起飞不到十分钟，阎肃抱着的氧气枕头就瘪了。氧气没有了,阎肃只好和领航员两人共享一个氧气面罩,你吸一口,我吸一口的,一直坚持到落地。那样的情景,自然可想而知。这一次乘飞机飞跃雪域高原的难忘经历,让又一次体会到西藏艰苦环境的阎肃更加深了对驻守在雪域高原的人民解放军官兵的钦佩和热爱。

无论是高原采风的经历和《雪域风云》的创作完成,还是乘飞机跨越唐古拉山的经历,都让阎肃更加坚定了为人民子弟兵服务的信念。

"京腔京韵自多情"的春节晚会

"在共和国的每一个历史时期,阎老都有代表性的作品问世,并流传至今。这些蔚为壮观的杰作,足以构成中国音乐史册中最华彩的乐章。"这是北京军区政治部文工团词作家王晓岭对阎肃追梦筑梦、为时代放歌的最为到位的评价。

1989年,怀着对首都北京的深厚感情,阎肃将在北京居住几十年所闻所见以及亲历感受所创作的具有浓郁京味儿的19首歌曲衔接在一起,为北京电视

文艺界的旗帜和楷模：阎肃

在阎肃作品音乐会上，伊泓远演唱《前门情思大碗茶》。

台策划编辑一台名为"京腔京韵自多情"的春节晚会。这其中有充满了浓浓思乡情的《前门情思大碗茶》：

我爷爷小的时候，常在这里玩耍，
高高的前门，仿佛挨着我的家。
一蓬衰草，几声蛐蛐叫，
伴随他度过了那灰色的年华。
吃一串冰糖葫芦就算过节，
他一日那三餐，窝头咸菜么就着一口大碗茶。
啦啦啦啦啦啦，啦啦啦啦啦啦，
世上的饮料有千百种，也许它最廉价，
可谁知道，谁知道，

谁知道它醇厚的香味儿，饱含着泪花。

同时也有唱出了北京不同地区、不同时期建成的不同式样桥梁的《北京的桥》：

北京的桥啊，千姿百态，
北京的桥啊，瑰丽多彩。
金鳌玉栋望北海，
十七孔桥连玉带。
高粱桥龙王那个把呀把水卖，
金水桥皇上挂呀挂金牌；
卢沟桥的狮子呀最奇怪，
您就数哇数哇数哇，怎么就数不过来
……

还有引发无数游子流出热泪的《故乡是北京》：

走遍了南北西东，
也到过了许多名城，
静静地想一想，

文艺界的旗帜和楷模：阎肃

我还是最爱我的北京。
不说那天坛的明月，北海的风，
卢沟桥的狮子，潭柘寺的松；
唱不够那红墙碧瓦的太和殿，
道不尽那十里长街卧彩虹。
只看那紫藤古槐四合院，
便觉得甜丝丝，脆生生，京腔京韵自多情。
不说那高耸的大厦，旋转的厅，
电子街的机房，夜市上的灯；
唱不尽那新潮欢涌王府井，
道不尽那名厨佳肴色香浓。
单想那，油条豆浆家常饼，
便勾起细悠悠，蜜茸茸，甘美芬芳故乡情。

此外还有北京人十分喜爱的《唱脸谱》：

蓝脸的多尔敦盗御马，
红脸的关公战长沙；
黄脸的典韦白脸的曹操，
黑脸的张飞叫喳喳……

紫色的天王托宝塔，

绿色的魔鬼斗夜叉，

金色的猴王银色的妖怪，

灰色的精灵笑哈哈……

  这些在"京腔京韵自多情"春节晚会上演唱的歌曲，最突出的风格就是京腔京味，韵味十足；唱起来如讲述一般，深情而又朗朗上口。因此这些歌曲不仅深受人们喜爱，更自1989年以来的20多年中，一直传唱。

  更具有时代意义的是，在当时正值海峡两岸融冰之旅的时期，阎肃的《故乡是北京》《前门情思大碗茶》唤起了无数漂泊在外的海外游子思乡之情，很多人听了之后，都情不自禁地流出了激动的热泪，思念祖国母亲的心情溢于言表。就如词作家王晓岭所说，阎老每个历史时期的代表作品，足以构成中国音乐史册中最华彩的乐章。

第二章　　勇立潮头、奋斗不息的时代先锋

这就是生活的积累。要是我整天坐在咖啡屋里，当然写不出来这些。我当时想法很简单，就是把故事讲圆了，还有要把握准人物的心理，这样老百姓准爱看。

——阎肃

第二章 勇立潮头、奋斗不息的时代先锋

拥抱时代的强军之声

2014年10月14日,中共中央总书记、国家主席、中央军委主席习近平在北京主持召开全国文艺工作座谈会,并从"实现中华民族伟大复兴需要中华文化繁荣兴盛""创作无愧于时代的优秀作品""坚持以人民为中心的创作导向""中国精神是社会主义文艺

阎肃在空军礼堂和基层战士在一起。

文艺界的旗帜和楷模：阎肃

的灵魂""加强和改进党对文艺工作的领导"5个方面发表重要讲话。

作为空政文工团创作员、国家一级编剧，阎肃作了题为《铁肩担道义，传播正能量》的发言：

我称得上是中国人民解放军文艺战线的一名老兵，到现在依然在心里经常哼唱着"追上去追上去不让敌人喘气"那些歌。我们也有风花雪月，但那风是"铁马秋风"、花是"战地黄花"、雪是"楼船夜雪"、月是"边关冷月"。就是这种肝胆、这种魂魄教会我跟着走、往前行，我愿意为兵服务一辈子！所以，我、我们心中常念叨的就是6个字："正能量、接地气"，在部队来说就是有兵味战味！

这个兵味战味体现在哪里？不外乎两条。一个是我们的作品，不管是一首诗、一首歌还是一部剧，都要说出战士的心里话，写出战士的真感情，让战士发自内心地去喜欢去传唱，让他们在冲锋陷阵时有无穷的力量，在军旅生活中有前进的动力，在成长历程中有精神的港湾。近年来，军队推出了一批强军歌曲，鼓士气、抒兵情、壮军威，唱出了当下军营的最强音,这是一个很好的导向。另一个是我们这些文艺工作者,还是要保持扎根军营、官兵"五同"的好作风。现在总政组织军队文艺工作者走基层、要求多下部队慰问服务,很多军队文工团也在搞下连当兵、多闻兵味,这样的举措好。军营是我们创作的沃土,战士是我们讴歌的主角,离开了这些,就没了兵味战味,甚至会变味。

……

所以,我一直在渴盼中央发出清晰有力的声音,重现文艺的朗朗天空。72年前,我们党开过一次文艺座谈会,叫"延安文艺座谈会",明努力方向、开风气之先、启一代文风,正本清源,振奋了全国人民;今天,我举双手赞成开这样一次文艺座谈会,我期待着这次会议能够振聋发聩,润物扬帆。

……

阎肃的发言,引起了与会人员的极大关注,尤其是那段:"我们也有风花雪月,但那风是'铁马秋风'、花是'战地黄花'、雪是'楼船夜雪'、月是'边关冷月'。就是这种肝胆、这种魂魄教会我跟着走、往前行,我愿意为兵服务一辈子!所以,我、我们心中常念叨的就是6个字:'正能量、接地气',在部队来说就是有兵味战味!"更是语出惊人、震撼四座。大家一致赞同说:"这是强军的风花雪月,军旅文艺工作者应该主要围绕强军目标做自己应该做的事。"

如今刚刚过去两年,阎肃的"风花雪月"已成为强军文化的"风花雪月",和他许多军旅作品一样,为全军将士启智加油。看似信手拈来的"风花雪月",实则蕴含着阎肃长期以来对党的文艺方针的深刻领悟,凝结着他对军旅生涯的深厚情感。

时代在前进,祖国日益繁荣。在当今世界经济一体化的飞速进程中,在快速的传播手段促使各种世界观相互碰撞的环境中,阎肃发出了"抒兵情、壮军威、扎根军营、多闻兵味,像延安文艺座谈会那样,明努力方向、开风气之先、启一代文风,正本清源"强军威的时代强音,为我们树立了一个勇立潮头、奋斗不息的时代先锋的光辉形象。

与时代同行的独幕歌剧《刘四姐》

独幕歌剧《刘四姐》是阎肃在 20 世纪 50 年代后期创作的第一部歌剧。尽管这个时期的阎肃还是一个不到 30 岁的年轻的文工团合唱队员,但是他除了登台表演、说相声外,已经创作了不少相声、诗歌、歌词等作品。

这时正是 1958 年,党中央提出要破除"四样",不要唯书,不要唯洋,不要唯古,不要唯权威。于是阎肃响应党中央号召,率先顺应时代潮流创作了活报剧《破除迷信》。

在这部活报剧中,阎肃结合当时的社会形势,分别用"古胜今""崇权威""全凭书"和"洋越汉"为人名,塑造了 4 个反面人物,以此讽刺了 4 种现象。

4 个人在剧中聚在一起,为了考证一个东西,怎么都说不到一块儿,最后还是一个戴着红领巾的少年为他们解决了问题。这出活报剧演出后,非常受欢迎。阎肃自己也在剧中出演了"古胜今"这个角色。他们还到天安门、中山公园等公共场合演出,所到之地,无不受到热烈欢迎。

文艺界的旗帜和楷模：阎肃

阎肃夫妇1966年合影。

完成了《破除迷信》的创作演出任务后，阎肃又结合当时的国内国际形势，创作了《瘟神东游记》《要古巴，不要美国佬》及《非洲的黑孩子》等讽刺国际时政、宣传外交政策的多部活报剧。

《刘四姐》就是阎肃在完成了活报剧的创作后，创作的第一部独幕歌剧。在这部歌剧中，阎肃塑造了一个抗日战争时期勇敢、机智的女游击队长刘四姐，经过乔装打扮，混进了为日本人卖命的伪司令肖子章家中。经过一番斗智斗勇，终于以智取胜，成功从敌人手中救出了被捕的张书记。

这部"文武带打"独幕歌剧在北京演出后，一下就获得了成功。他们又到全国很多地方进行演出，所到之处受到观众的一致好评。后来还有很多地方戏将《刘四姐》移植过去，演出效果也不错。

活报剧与独幕歌剧创作演出的成功，无疑显示了阎肃文艺创作的多方面才干。但更让我们看到的是，这个时期的阎肃，就勇于拥抱时代，为祖国、为人民、为军旅的文艺创作贡献一己之力。

中国歌剧史上最经典的革命浪漫主义英雄史诗——《江姐》

如果说活报剧与独幕歌剧创作演出的成功，让我们看到了一个勇于拥抱时代，为祖国和人民，为军旅文艺创作贡献力量的阎肃，那么歌剧《江姐》的创作完成，则让我们看到了一个勇立潮头的时代先锋阎肃。

阎肃创作歌剧《江姐》的初衷始于他的独幕歌剧《刘四姐》演出之后的1962年。那时国家刚刚经历了3年困难时期，在那样的社会背景下，很多人都产生了对中国的前途、发展到底走向何方的困惑。

新中国应该往哪个方向走？共产党、社会主义到底好不好？一连串的困惑与问题，让处在那个时代大潮流之中的阎肃，萌发了要创作一部正面的、有力量的、有反响的戏，一部表现共产党人的坚定信念和忠贞气节的戏，来为我们的党提一提气，为我们的人民鼓一鼓劲。

他想创作一部大型歌剧，选什么题材呢？思索中，阎肃想起了他童年时跟着全家从河北到武汉，最后到重庆的颠沛流离的逃亡生活，想起了留有他成长足迹的重庆。在那里，他阅读革命书籍，参加学生运动，上街游行；在那里，他和重庆地下党的英雄们一起度过了无数个参加革命活动的日夜。他也想起了在四川郫县参加的土改和清匪反霸运动，想起了他曾去过的歌乐山"中美合作所"……

此时，小说《红岩》的出版，已经在全国上下引起了一片强烈反响，尤其是书中几个主要人物鲜明的无产阶级革命者光辉形象，更是让人印象深刻。无论是视死如归的江姐，智勇双全的许云峰，还是武艺高强、百发百中的双枪老太婆……这些一个个被作者塑造得栩栩如生，鲜活的革命英雄人物，不仅给新中国的文艺事业注入生机活力，更激起人民无限的爱国情怀。

阎肃则更是在《红岩》小说的阅读中受到启发。重庆的革命斗争历史他太熟悉了，还有重庆的乡土人情和风俗习惯，当年国民党的残暴统治，以及他身边的地下党员与敌人英勇斗争的情景，一切一切，都是那样清晰……

终于，阎肃计划好，就写《红岩》里的江姐，写一部大型歌剧！

虽然那个时候，社会上已经创作了多个不同艺术版本的《江姐》，但阎肃要创作歌剧《江姐》的决心已下。他相信，自己经历过的那个时期的重庆生活，早已深深印记在心里。怀着对革命先辈无限的崇敬，他充满信心地说：

"即使是炒冷饭，我也要炒得好吃。"

不久，演出大受欢迎的独幕歌剧《刘四姐》被山东《剧本》月刊杂志全篇登载。于是在《刘四姐》演出任务完成后，阎肃对大家说：

"我想好了，我这儿还有一个姐，是江姐，《红岩》里的人物。我把她写成歌剧,肯定错不了。"

18天探亲假完成《江姐》初稿

想起即将创作歌剧《江姐》,阎肃越想越激动,越想越充满信心。那时正好组织批准他20天的探亲假,于是阎肃收拾好行囊,带上《红岩》小说,踏上了去妻子的工作地涿州空军航校的旅程。

在一间不足10平方米的小房间里,阎肃开始专心致志地投入到大型歌剧《江姐》的创作之中。在不断思索、不断前行中,他只觉得一股股对革命先烈的无限崇敬,对敌人、对革命叛徒的满腔仇恨一直在撞击心头。国民党反动派烧杀抢掠的残忍,共产党人英勇斗争的坚贞不屈,自己曾经亲历的颠沛流亡,接连在头脑中像电影一样一遍一遍回放……

终于,江姐、许云峰、华为,一个个共产党员机智勇敢、坚强不屈的光辉形象,鲜活的人物,一幕幕、一场场,出现在朝天门码头、华蓥山上、集中营里……

20天的探亲假,除去来回两天的路程,阎肃闭门18天,终于完成了歌剧《江姐》的初稿。他将剧

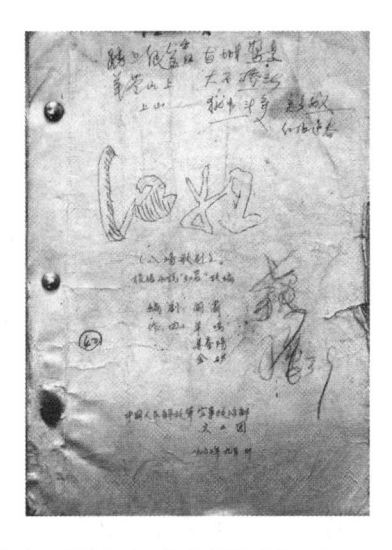

阎肃创作歌剧《江姐》的手稿。

本带回北京，拿回团里讨论，许多人感动得落泪。空政文工团的领导立即召开创作会议，最后一致决定，一定要下最大的力气搞好歌剧《江姐》，向祖国献礼。很快，剧本初稿呈送到新中国第一任空军司令员刘亚楼上将那里，他当即作出指示："精雕细刻，一定要打响！"并多次把阎肃叫到身边，亲自与他一起商讨、修改剧本。

反复打磨剧本，直到食堂师傅跟着哼唱、流泪

为了使《江姐》的剧本更加贴近实际生活，阎肃不仅做了多次修改，更是怀揣剧本，和战友们几次深入到当年共产党人曾经生活和战斗过的重庆以及川东地区采访、体验生活。

在川东，他们采访到了依然健在的当年与敌人战斗的地下党员以及曾经遭到敌人逮捕、最后成功脱险的革命志士，他们也采访到了小说《红岩》的作者罗

文艺界的旗帜和楷模：阎肃

2010年，阎肃与多年的老搭档、歌剧《江姐》谱曲者之一羊鸣在阎肃作品音乐会上。

广斌和杨益言，更找到了生活中真实的江姐——江竹筠烈士的20多位亲属和战友，听他们声泪俱下地回忆、讲述当年临危不惧、大义凛然、为共产主义美好明天慷慨就义的先烈，讲述难忘的革命岁月……

阎肃和战友们还一起来到了重庆渣滓洞体验生活。看到阴森的渣滓洞行刑室里当年国民党特务残酷拷打、折磨革命者的各种惨无人道的刑具，阎肃脑海中不由地浮现出狱中受到残酷刑罚的江姐，那尖利的竹签子一根根扎进江姐的10根手指的惨烈情景……

那一刻，他只感到胸口像是一团火在燃烧一样难受；那一刻，也让他感受到革命先烈为了信仰不惜牺牲生命的坚贞与崇高……

从重庆渣滓洞体验生活归来，阎肃的心绪仍然沉浸在为国惨遭敌人迫害、献出生命的革命先烈的无限沉痛和怀念的激情中，甚至在夜间，也经常会在一个又一个的噩梦中惊醒。

那是重庆渣滓洞归来后的一种刻入骨髓、融入情感的生活体验，那种体验，阎肃把它们都融入了歌剧《江姐》的创作中。

为了创作出一部让全国人民满意的《江姐》，阎肃不仅精心雕琢剧中的每一段唱词，而且和为《江姐》谱曲的3位作曲家金砂、姜春阳、羊鸣坐在一起，对剧本和曲谱反复修改。他们前后整整用了两年的时间，从修改到排练，不断完善。一直到最后，连食堂的大师傅都能够听着排练厅传来的歌声，一边和着面，一边跟着哼唱，感动得流下了眼泪……

这时候，阎肃才觉得可以不用修改了。

《江姐》为党提气、为民鼓劲

1964年9月，历经两年的精磨锤炼，浸满了阎肃辛勤汗水和他对党的一腔热血与革命激情的大型歌

文艺界的旗帜和楷模：阎肃

剧《江姐》终于上演。立刻引起巨大反响，并很快出现了全国数百家文艺团体同时上演的盛况。

一个月后的 10 月 13 日晚，毛泽东与周恩来、朱德、董必武、贺龙、陈毅等党和国家领导人，在北京人民大会堂小礼堂观看了歌剧《江姐》，这也是新中国成立后毛主席观看的唯一一部歌剧。

舆论界也给了歌剧《江姐》很高的评价：

《江姐》艺术地谱写了"中国歌剧史上最经典的革命浪漫主义英雄史诗"，"《江姐》是中国歌剧的瑰宝，是中国歌剧发展的里程碑"。

很多人更看到，歌剧《江姐》的成功创作，离不开阎肃对党的无比热爱与忠诚：

像呵护孩子一样，阎肃毕生呵护着歌剧《江姐》，培育她枝繁叶茂。人们都说，阎肃塑造了江姐，更是江姐注解了阎肃，她艺术地展现了阎肃一生对党的满腔赤诚。

是啊，江姐永远是人民心目中永不磨灭的忠于革命忠于党的优秀共产党员的光辉榜样。而在 20 世纪

60年代创作了一部为我们的党提气、为我们的人民鼓劲的歌剧《江姐》的阎肃，不也正是为我们树立了一个勇立潮头、奋斗不息的时代先锋形象吗?!

如今，距当年歌剧《江姐》首演已过去半个世纪之多，但当年演出的盛况却一直为阎肃和他的战友以及亲历者难忘。对于当时的情景，阎肃的儿子阎宇曾在《我和我的阎肃爸爸》中有一段令人难忘的描述，让我们阅读一下，以感受当年歌剧《江姐》演出时获得巨大反响的"真容"：

1964年9月，歌剧《江姐》在北京儿童剧场首次公演。

大幕徐徐拉开，台下座无虚席，观众的心很快随着剧情的跌宕起伏而贴近。整部戏作词精美，曲调悠扬，演员的表演丝丝入扣，打动人心，剧情高潮不断。台上泪水涟涟，台下哭声一片，全场演员、观众的情绪完全交融在一起。

太成功了！演出结束时，观众全体起立，雷鸣般的掌声持续不停，久久不肯退场，场面之热烈，超乎想象。

文艺界的旗帜和楷模：周荣

反响巨大的歌剧《江姐》。

演出第三天，周总理和夫人邓颖超前来观看。演出中，总理有时在椅子扶手上打着拍子，有时点头微笑，当看到"蒋对章"那段戏时，捧腹大笑。

《江姐》在北京连续演出26场，场场爆满，真正是万人空巷，各报记者和观众纷纷撰稿赞扬。在中国歌剧史上创造了奇迹。

以前，每逢演出，团里总会安排一些工作人员坐在观众席里，一是在剧情需要时，带头并引导观众鼓掌，此俗称"领鼓"，但在《江姐》演出时用不上了，观众的掌声已经太热烈了。这些工作人员第二个作用，就是要听观众的意见、评论，尤其是要重视批评的声音，可《江姐》获得一致好评。有一位观众散场时说："这部戏不是好，而是很好！"

1964年10月13日，毛泽东、周恩来、刘少奇、朱德等党和国家领导人，在人民大会堂观看了歌剧《江姐》。演出中，大家开始时有点儿紧张，后来逐渐演得越来越好，毛主席和中央其他首长不时地热烈鼓掌，演出结束后，与演职人员亲切地合影留念，并给予高度评价。合影时，爸爸站在了毛主席的身后，很幸福的样子。毛主席说："你们的歌剧打响了，可以走遍全国嘛。"

　　随后，歌剧《江姐》开始走出北京，很快走遍了祖国大地。在南京、上海公演，轰动宁沪，上海一度还流行起江姐的发式和服装。在1965年2月底，歌剧《江姐》还到了香港公演六天，同样引起轰动，场场爆满，连加演的夜场票都销售一空。从1964年9月至1965年10月，《江姐》为部队、党政机关、工厂、学校及各地公演共257场，真是在中国歌剧史上创造了奇迹。不仅如此，全国其他很多剧种，如越剧、昆曲等，以及数百家文艺团体都按剧本改编，陆续移植上演。据说当时全国很多剧团都同时上演《江姐》，这又是中国戏剧史上的一个奇迹。

《红梅赞》风靡全国，周总理带头高歌

随着歌剧《江姐》演出的轰动，一首《红梅赞》也随之传遍了祖国的大江南北：

红岩上红梅开，

千里冰霜脚下踩，

三九严寒何所惧，

一片丹心向阳开。

红梅花儿开，

朵朵放光彩，

昂首怒放花万朵，

香飘云天外，

唤醒百花齐开放，

高歌欢庆新春来新春来新春来。

《红梅赞》是阎肃为歌剧《江姐》创作的主题歌。《江姐》演出后，人民记住了身穿红色毛衣的江姐站在红岩上，朵朵怒放的红梅花旁，不畏千里冰霜、三九严寒的共产党员的英雄形象；《红梅赞》的歌声更是风

靡全国，唱响了祖国的山山水水。

从那个年代走过来的人都不会忘记，无论是工厂、部队，还是机关、学校，开大会之前，大家总是要先唱《红梅赞》，一遍不够，往往还要唱两遍三遍，甚至更多。不光是大家齐唱，还有领唱，一直唱得热泪流淌、群情激昂……

当年有幸在人民大会堂见到周总理的人更不会忘记，开大会之前，周总理挥着手臂带领大家一起高歌《红梅赞》的热烈场景。就如时任副总理的李先念说过的那样：

"《红梅赞》已经成了非常流行的歌曲了，包括我们总理在内，经常唱它。"

其实，当年在创作歌剧《江姐》的过程中，阎肃最开始并没有想写主题歌，后来还是空军司令员刘亚楼上将的一番话使阎肃受到了启发。刘亚楼司令员说："我在莫斯科的时候，看歌剧《卡门》，他们都有主题歌，咱们《江姐》也写一个好吗？"阎肃听了，觉得有道理，于是很快写出了。开头是这样的：

"行船长江上，哪怕风和浪……"

可是刘亚楼司令员听了觉得不满意，阎肃当时也没有想出新的歌词。于是就顺手从上衣口袋里掏出一张稿纸，说：

"这是上海音乐学院有位同志请我写首歌词，原意是写梅花的，我取名《红梅赞》，你看行吗？"

刘亚楼司令员和其他同志一看，都说好，于是一首《红梅赞》成了《江姐》的主题歌，从此唱遍大江南北，风靡全国。

受到毛主席的单独接见

《江姐》的成功创作演出，不仅让毛主席亲临剧场观看演出，更让毛主席在看完《江姐》演出后，又单独接见了阎肃。

那是在1964年11月的一天，那时，歌剧《江姐》虽然已经演出了两个月，但仍是场场爆满，反响强烈。

那天的晚上，阎肃正好去文工团大院街对面的一个小剧场，准备观看当时的红旗越剧团排演的越剧《红楼梦》。不巧当时大院的门口正在修路，结果让路过的阎肃一腿一脚地沾了不少石灰。不过一向生活上

第二章 勇立潮头、奋斗不息的时代先锋

1964年，阎肃（第三排左四）和《江姐》剧组受到毛泽东等党和国家领导人的亲切接见。

不讲究的阎肃也没当个事儿，就这样走进了剧场。

《红楼梦》只看了一会儿，阎肃感到胃有些不舒服，他决定回宿舍歇一会儿，就一个人从剧场走了出来。

刚走到剧团门口，一辆吉普车就在阎肃的身边停下，原来车上是政治部的同志，他们立刻对阎肃大声说：

"阎肃，你在这儿啊！找你半天了，快上车，有紧急任务。"

阎肃听了，不由一愣，心想，这么晚了还有什么任务，于是他看着政治部的同志，随口说：

"什么任务啊？我可没穿军装。"

的确，一向不注重着装、不修边幅的阎肃那天上身只裹了件又破又旧的黑棉袄，下身的老棉裤上还沾满了石灰，脖子上围一条大围脖，再加上好几天没刮胡子了，真是尽显邋遢本色。政治部的人看了一下，显然也想不出什么好办法，只是催促阎肃说：

"快上车吧，来不及了！"

阎肃什么都没问，赶紧上了车。吉普车拐过几条街后，就直接开进了中南海。进入中南海后，经过几道岗哨询问，司机回答："是阎肃。"哨兵随即立刻放行。

一直到这时，阎肃才知道，是毛主席看过《江姐》后深为感动，《江姐》也是毛主席看过的唯一一部歌剧。那天，是毛主席想要见见写这部歌剧的年轻人。

吉普车终于在一幢小楼前停下，当阎肃随工作人员走进一个小会客厅时，毛主席已经在那里了。见到毛主席，阎肃既激动又紧张，一时竟不知该如何是好。按说首先应该向毛主席行个军礼吧，可当时又没有穿军服，而且自己那身黑棉袄、老棉裤的打扮，尤其是那沾了一腿一脚的石灰，还有满脸的胡子，实在是有些"狼狈不堪"的样子。没办法，他只好傻傻地站在那儿。

这时，毛主席笑着向阎肃走过来了，阎肃灵机一动，一边先给毛主席鞠了个躬，一边说：

"毛主席，我来晚了。"

接着又赶紧握住毛主席伸过来的手，立时，毛主席和在场的人都笑了。

那一年，阎肃只有34岁，论职务，不过就是一名部队的文艺工作者。但却因创作歌剧《江姐》而受到毛主席的单独接见，足见当年歌剧《江姐》创作的成功及其深远的影响力。

那一次接见后，阎肃又得到过毛主席的几次接见，并且毛主席还和阎肃谈了对歌剧《江姐》结尾的处理意见。当然阎肃印象最深的还是毛主席单独接见他的那一次，就如阎宇在《我和我的阎肃爸爸》中描述的那样：

爸爸回忆说，主席很高大、魁梧，手很大，五根手指跟小胡萝卜似的，非常有力。主席边握着爸爸的手，边说了一些话，非常洪亮。因主席说话有着浓重的湖南口音，再加上爸爸紧张，只听得耳边"轰轰"地响，其实一句也没听得太懂，但大意是明白了。主席的意思大致是说，《江姐》写得很好，你小伙子干得不错，我送给你一套书，你要继续努力，好好干等等。

爸爸听完，表示一定会努力干，并给主席行了个标准的军礼。

唱不尽、演不尽的《江姐》

在歌剧《江姐》中，阎肃还创作了许多首为大家非常熟悉、喜爱并传唱的歌曲。比如对江姐被捕入狱后，面对敌人的残酷行刑和威逼审讯时所表现出的临危不惧、大义凛然的英雄气概，阎肃创作的那首《我为共产主义把青春奉献》是这样描写的：

春蚕到死丝不断，
留赠他人御风寒。
蜂儿酿就百花蜜，

只愿香甜满人间。
一颗红心忠于党,
征途上从不怕火海刀山,
为劳苦大众求解放,
粉身碎骨心也甘!
……
正为了祖国解放红日照大地,
愿将这满腔热血染山川!
粉碎你旧世界奴役的锁链,
为后代换来那幸福的明天。
我为祖国生,我为革命长,
我为共产主义把青春贡献!
……

还有那首江姐和狱中战友怀着对新中国的无比热爱,含着热泪绣红旗,把对祖国的千分情、万分爱融入了一针一线绣出的五星红旗上的《绣红旗》:

线儿长,针儿密,
含着热泪绣红旗,

文艺界的旗帜和楷模：阎肃

绣呀绣红旗。
热泪随着针线走，
与其说是悲，不如说是喜。
多少年多少代，
今天终于盼到了你，盼到你……
千分情，万分爱，
化作金星绣红旗，绣啊绣红旗。
平日刀丛不眨眼，
今日里心跳分外急。
一针针，一线线，
绣出一片新天地，新天地……

在歌剧《江姐》的最后一幕江姐被敌人杀害前，阎肃为不惧牺牲、慷慨就义的江姐创作的《五洲人民齐欢唱》，不仅让扮演江姐的演员在演唱时热泪盈眶，更感动了台下无数的观众，以至和台上的江姐一起流下激动的泪水：

不要用哭声告别，
不要把眼泪轻抛，

青山到处埋忠骨,
无涯何愁无芳草!
黎明之前身死去,
脸不变色心不跳!
满天朝霞照着我,
胸中万杆红旗飘!
……
到明天山城解放红日高照,
请代我向党来汇报:
就说我永远是党的女儿,
我的心永远和母亲在一道。
……
到明天家乡解放红日高照,
请代我向同志们来问好,
就说在建设祖国的大道上,
我的心永远和战友在一道。
我祝同志们身体永康健,
为革命多多立功劳,多多立功劳!
……
一人倒下万人起,

燎原烈火照天烧,

狂飙一曲,牛鬼蛇神全压倒;

红旗漫天,五洲人民齐欢笑。

从"不要用哭声告别,不要把眼泪轻抛""黎明之前身死去,脸不变色心不跳!"到"到明天山城解放红日高照,请代我向党来汇报:就说我永远是党的女儿,我的心永远和母亲在一道",阎肃以饱满的革命激情,将他对革命先烈的崇敬、对祖国母亲的热爱,尽情播撒在《五洲人民齐欢唱》的字字句句中,更激起了亿万人民热爱祖国的无限激情。就如阎肃回忆说的:

"当年演出每唱到这首歌时,基本上都是台上台下一起哭……"

阎肃的儿子阎宇说:

"在多年之后,我看过一位青年演员在演唱这首歌时,依然是热泪盈眶……我听到这首歌中'到明天……'的那几句时,也时时会有些感动。"

如今,距歌剧《江姐》首场演出已过去50余年,当年最爱指挥、领唱《红梅赞》的周总理已经离开了

第二章 勇立潮头、奋斗不息的时代先锋

我们,在开会前总要齐声高唱《红梅赞》的战士、工人已是高龄的耄耋老人,在《红梅赞》《绣红旗》歌声中成长的少年也已步入中老年。但是,从那个年代走过来的人都没有忘记《江姐》,他们忘不了《江姐》演出的盛况,忘不了那感人肺腑、吟咏传唱了几代人的《红梅赞》《绣红旗》《五洲人民齐欢唱》……

阎肃为《红梅赞》配音。

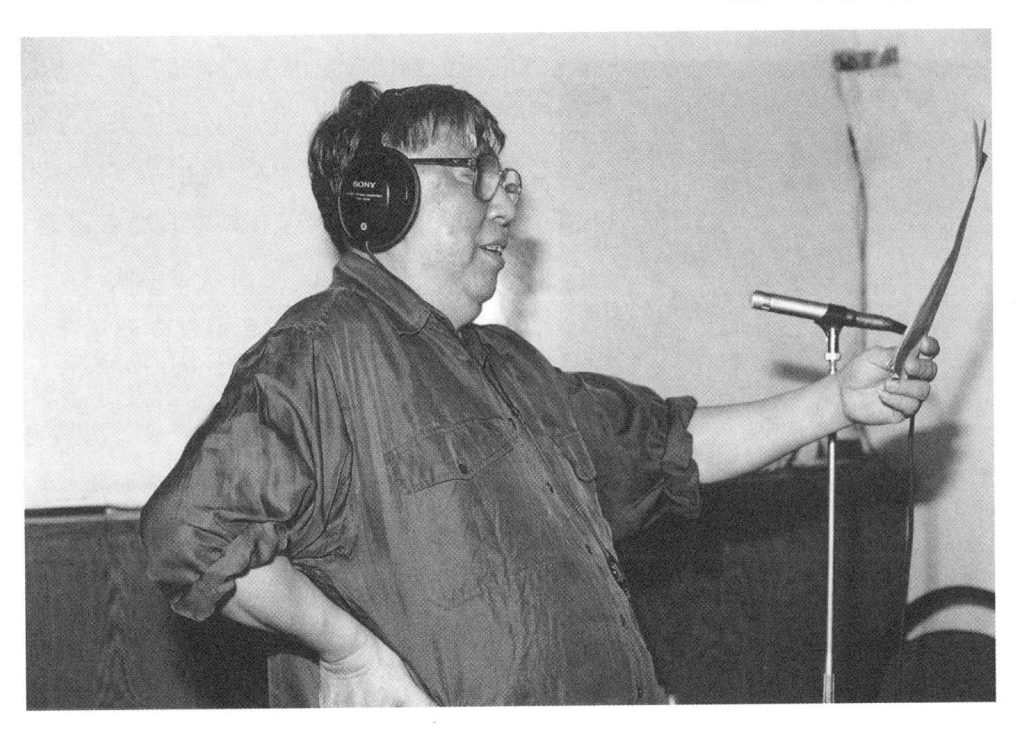

文艺界的旗帜和楷模：阎肃

2014年，在北京人民大会堂举行歌剧《江姐》第一千场纪念演出。

他们依然记得，《江姐》首演的第一年，为部队、机关、工厂和学校演出了257场；

记得1977年，《江姐》第一次复排，公演77场；1988年第二次复排，公演55场。两次复排公演，仍然是场场不衰，处处受到极大欢迎；

更多的人还记得，1991年，为庆祝中国共产党建党70周年，空政文工团第四度排演歌剧《江姐》。《江姐》第四次复出，在全国各地共演出120场。6月30日，江泽民等中央领导同志观看了歌剧《江姐》。演出结束后，江泽民走上舞台，与全体演职员合影留念。江泽民说："《江姐》这部戏告诉我们，今天的政权来之不易，忘记过去就意味着背叛。"

进入21世纪后，《江姐》又一次唱响时代。这其中有：阎肃亲自参与改编、在中山公园音乐堂演出的大型交响清唱剧《江姐》、原创交响音乐会《江姐》、上海歌剧院复排的《江姐》，以及为庆祝建党80周年，阎肃亲自为中国京剧院改编完成的京

2010年，阎肃在家里过80岁生日。

剧《江姐》。

2007年，歌剧《江姐》第5次复排，适逢国家大剧院建成。为演好新世纪的《江姐》，77岁的阎肃每天准时赶到剧场和演员一起排练。并不惜删掉2000多字，前后精心修改两百余次，终于完成新剧本，使歌剧《江姐》成为国家大剧院首演剧目。

2014年，84岁的阎肃仍然随《江姐》剧组巡回演出。

2015年，几代江姐的扮演者们齐聚一堂，为阎老切开85岁生日蛋糕……

从首演轰动全国，到亿万人民高唱《红梅赞》，

73

到创下 5 次复排、演出 1000 多场经久不衰的奇迹，如今已走过 50 多年的《江姐》所产生的影响，早已远远超出一部歌剧所能带给我们的审美体验和心灵震撼，它歌颂的"雪压不弯、风吹不倒，信念不变、矢志不移"的"红梅精神"，以江姐为代表的一大批中国共产党人所展现的红岩精神，早已成为民族精神的力量，鼓舞着中华民族的一代又一代人。

满怀激情，"神速"创作《党的女儿》

1991 年，为纪念中国共产党建党 70 周年，61 岁的阎肃怀着对党的执着信仰和无比热爱的深厚感情，又一次仅用 18 天的时间，完成了一部大型民族歌剧《党的女儿》。

如此短短的时间，便创作完成了歌剧《党的女儿》的全部 6 场戏。这不仅是阎肃继创作《江姐》之后，又一次创造了我国歌剧创作的奇迹，更是至今仍在戏剧创作史上保持着纪录的"神奇"创作速度。

《党的女儿》的"神速"创作完成，无疑更让我们深深感受到阎肃对党、对人民的满腔豪情。一个勇立时代潮头、永远冲锋在前的共产主义先锋战士的光辉形象也更加令我们崇敬。就如总政歌剧团原团长、歌剧《党的女儿》作曲王祖皆所说的那样：

"18天要完成，又处在这种情况下，天命之年，三天一场戏，他到底是个老人啊，如果没有这种政治热情、坚定的理想信念，是完不成的，这是在歌剧创作上的奇迹。"

其实歌剧《党的女儿》最初是由总政负责编剧创作的。按一般常规的歌剧创作，文学本起码要写半年，全部完稿后，音乐再作半年。但是剧本一连写出了12稿都没有通过。结果，按照计划，《党的女儿》原本应该在党的生日"七一"上演，但是后来推到了"八一"建军节，再后来，又被推到了"十一"国庆节。这么长的时间，作品总是迟迟拿不出手，一个很重要的原因是剧本不过关。

这时候，总政把阎肃借调了过去，他们相信，在如此时间紧迫、任务艰难情况下，当年18天就创作完成了唱遍中华大地的《江姐》的阎肃，定能不辱使命、完成此重任。

于是，在剧本已经创作了12稿却均未得到认可、全部被"枪毙"的情况下，面对时间紧、任务重、要求高的剧本修改工作，阎肃临危受命，怀着对党的忠诚与热爱，怀着勇于承担时代赋予的使命的饱满激情，他接受了重新编写《党的女儿》剧本的艰巨任务。

而这个时期，正是国际局势发生巨大变化的时期，苏联解体、东欧剧变、苏共垮台……戏里戏外的氛围似乎是在相互辉映。处在这种复杂的国际政治形势下，也有人出来劝阎肃要慎重……

面对这种创作背景，阎肃非但没有动摇信念，反而在政治上更加坚定。他排除一切干扰，将自己对党的坚定理想信念和革命激情，全都融入到歌词的创作中，不仅表现出一个普普通通的共产党员在党最困难的时候，在白色恐怖底下、在区委书记都当了叛徒的情况下，如何坚持党的信念和理想，而且把当时的国际背景也渗透进了剧情。

比如在这部歌剧的序曲中，阎肃是这样写的：

杜鹃花呀杜鹃花，
花开满坡满山洼；
心似火焰红彤彤，

身似白玉玉无瑕。
杜鹃花呀杜鹃花,
默默无言吐春芽;
风风雨雨压不倒,
清香万里送天涯。

就如同 27 年前在《江姐》中通过赞红梅歌颂不畏牺牲的共产党员一样,在这首序曲中,阎肃以"花开满坡满山洼;心似火焰红彤彤,身似白玉玉无瑕"写出的杜鹃花,让观众感受到了一个共产党员"默默无言吐春芽;风风雨雨压不倒,清香万里送天涯"的高尚情操。

在歌剧《党的女儿》中玉梅牺牲前的一段《万里春色满家园》,阎肃同样也写得震人心弦、感人至深:

我走,
我走,
不犹豫,
不悲叹。
啊,孩子啊,

文艺界的旗帜和楷模：阎肃

你紧紧依偎在娘身边，
我们清清白白地来，
我们堂堂正正地还。

告别了这条条绿水，
告别了这座座青山，
告别了这生我养我的土地，
告别了这茅屋顶上熟悉的炊烟。

告别了那远在天边的亲人罗明哥，
告别了众乡亲，
恩情说不完，
苦水里泡大的农家女，
从小就牵牛扶犁下秧田。
砍柴不怕虎狼嚎，
爬山更知路途难，
风风雨雨闹翻身，
红米南瓜苦也甜。
孩子啊，
你抬头看：

朝霞里太阳正出山，
照亮了满山的红杜鹃。
孩子啊，
你抬头看：
星光里一群小伙伴，
正欢欢喜喜进校园。
孩子啊，
你抬头看：
春光里家乡换新颜，
好一片明朗朗的天。

我走，
不犹豫，
不悲叹。
我乘春风去，
我随杜鹃喊，
我在天边唱，
我在土里眠，
待来日花开满神州，
莫忘喊醒我，

九天之上，
笑看这万里春色满家园。

尤其是这一段的结尾处，阎肃用"我在天边唱，我在土里眠，待来日花开满神州，莫忘喊醒我，九天之上，笑看这万里春色满家园"，让我们看到了一个令人敬佩、视死如归、对共产主义美好明天无限憧憬的共产党人的形象。

还有那段表现玉梅坚决跟党走不动摇的唱词：

你看那天边有颗闪亮的星星，关山飞跃一路洒下光明，咱们就跟着他的脚步走，哪管它道路平不平……只要能为党报效，头可断血可抛，有什么天大的重任我来挑！

原总政歌舞团团长、作曲家王祖皆认为，这些唱词充满了阎肃对党的忠诚。阎肃则说："当时，我的脑子里没想别的，就想告诉人们什么叫共产党、共产党在哪儿、共产党员什么样。"

歌剧《党的女儿》演出后，江泽民等党和国家领

第二章 勇立潮头、奋斗不息的时代先锋

2009年6月，阎肃在酒泉卫星发射中心搜集素材，创作歌曲。

导人观看并评价说："歌剧《党的女儿》给我们上了一堂生动的党课……"

演出结束后，江泽民等党和国家领导人与演职员合影留念。和27年前《江姐》演出后毛主席与演职员合影时一样，这一次，阎肃又站在了相同的位置与党和国家领导人合影。

《党的女儿》演出后，获得了第六届全军汇演的一等奖，后来还获得全国文艺最高奖"文华奖"，并被文化部选作庆祝新中国成立50周年的三部戏剧作品之一。1999年国庆节，《党的女儿》与《江姐》一起，登上了国庆游行的彩车。

2008年，"中国歌剧高峰论坛"精选出中国80

81

文艺界的旗帜和楷模：阎肃

2010年，阎肃首次作品音乐会在国家大剧院音乐厅成功举办。

年历程中的8部歌剧制作纪念邮票。这其中，阎肃的作品入选了2部，就是《江姐》和《党的女儿》。

排练临时救场与"三场演员"

谈起《党的女儿》的创作，阎肃回忆说："我没有查阅任何资料，最该感谢的是自己的'肚子'，因为蓝本就在我肚子里。"

的确，《党的女儿》的小说、电影，阎肃全都看过，可以说是故事烂熟于心。因为接触过很多老农民，所以阎肃写剧中的七叔公也是胸有成竹，还有就是他曾经去过江西革命老区，熟悉那里的风土人情。

"这就是生活的积累。要是我整天坐在咖啡屋里，当然写不出来这些。我当时想法很简单，就是把故事讲圆了，还有要把握准人物的心理，这样老百姓准爱看。"阎肃风趣地说。编剧三天一场戏，作曲一场戏三天。18天后，剧本完成。阎肃形容自己当时的感觉："幸不辱使命，总算松了一口气。"

《党的女儿》在创作中最突出的问题就是时间紧、任务重。因而阎肃在紧张的排练中临时"救一回场"的事，留给导演和演员们的印象最深。

首版《党的女儿》导演张海伦曾回忆道：

当时确实觉得很紧、很累，明天要排第二场戏了，今晚才拿到剧本和谱子，真的是边写边排，流水作业。印象最深的是，阎肃还在排练场上救了一回场。

那是在《党的女儿》第一次向有关领导汇报时，全剧六场戏只排练出了第一、四、六三场戏，为了使大家能连贯地了解剧情，就在演完第一场后由阎肃给大家讲第二、三场，讲完后，接着演第四场；然后再

文艺界的旗帜和楷模：阎肃

由阎肃讲第五场，最后演第六场结束。

结果是三场戏全是由阎肃上台说完的。真没想到，阎肃在台上绘声绘色的表演，活脱脱就是一段精彩的评书表演，听得大家都鼓掌叫好。以至于后来等全剧排练好了，再做汇报表演时，领导又来审查，看过之后，有领导半开玩笑地说："老阎，那几场后来排出来的，怎么感觉没有你说得好啊！"

阎肃则谦虚地开玩笑说："那是因为我讲的都是精彩的地方，不精彩的没有讲。"

歌唱家杨洪基的回忆，则会让我们更深刻地体会到《党的女儿》创作演出的深远意义及影响：

2001年建党80周年，在广西柳州的一次演出，成就了歌剧《党的女儿》最为辉煌的时刻。广西柳州是一个不足百万人口的地区，但从一般党员到普通群众，都争相观看此剧。在一个有着一千五百个座位的剧场连续演了18场，场场爆满，这在歌剧史上是少有的。有的一家三代人一起看，有的买不到票就在走道上加座，尤其感动的是柳州市委领导把看党剧作为

第二章　勇立潮头、奋斗不息的时代先锋

2009 年 6 月，阎肃在酒泉卫星发射中心歌唱《我爱祖国的蓝天》。

党员的一次理想信念教育，号召全部党员都要去看，有两万四千多名党员看了这个剧。

我们在一个能容纳 1500 人的剧场里演出，原计划演出 10 场，不过观众们太热情了，最后就加场、加场……一直加到了 18 场，场场爆满，创造了歌剧在一个剧场连续演出的最高纪录。

一直到现在，杨洪基仍然对当时《党的女儿》的演出情景记忆犹新：

那一次，演员们都是上午场、下午场、晚上场连轴转，被戏称为"三场演员"。是阎老创造了这么

85

优秀的作品。第一次我出演《党的女儿》时，50岁，希望等到80岁时我还能演，献给建党100周年……

《敢问路在何方》的时代意义

20世纪80年代改革开放的时期，阎肃为大型电视连续剧《西游记》创作的《敢问路在何方》，虽然曾被戏称是阎肃"无心插柳、歪打正着"的作品，但该剧一经播出，这首曾被阎宇称为"算是妈妈找爸爸走的'后门'"创作的《敢问路在何方》，立刻传唱四方，飘进千家万户。可谓是家喻户晓、人人唱之。

当年看过电视连续剧《西游记》的人们至今仍然记得，比起《西游记》中唐僧师徒四人西天取经艰难曲折的精彩剧情，大家印象最深的，似乎还是那首人唱人爱的《敢问路在何方》，足见这首歌在观众心中占据着什么样的地位。

但也可能很多人并不知道，《敢问路在何方》的最初歌词作者并不是阎肃。原来，1983年《西游记》投入拍摄时，导演杨洁并没有想到让阎肃写这个剧的主题歌词。最初该剧的音乐编辑王文华约了一位不错

第二章 勇立潮头、奋斗不息的时代先锋

在阎肃作品音乐会上，蒋大为演唱《敢问路在何方》。

的歌词作者写主题歌，但写好后让杨洁导演审查时，杨洁总觉得不那么太够劲儿，她觉得这样的歌词还没有反映出《西游记》这部中国名著改编成电视连续剧后所具有的特殊韵味。

"看来只有另找人了！"杨洁说。这让音乐编辑王文华有些为难，时间这么紧，到哪里去重新物色能人呢？情急之下，不知是谁给引见了阎肃的夫人——北京科学教育电影制片厂的医生李文辉。于是，李文辉回家告诉阎肃说："老阎，《西游记》剧组想请你帮他们写个主题歌，你看行吗？"

其实阎肃当时手里正有"活儿"，而那边又等着要。但是阎肃觉得，既然人家"不惜"通过走"后门"，

87

文艺界的旗帜和楷模：阎肃

托妻子来找自己，肯定是剧组着急、特别需要，再说妻子又很少求过自己这样的事，于是，一向以"不管是什么事，只要是革命事业需要，我就做"为原则的阎肃，立刻答应了。

"行，我撂下这活儿就给他弄！"阎肃对妻子说。

踱步踱出融入时代的点睛之笔

对于从小就看过《西游记》的阎肃来说，无论是师徒四人去西天取经的路上，大师兄孙悟空牵马走前，骑马的师傅唐僧在他身后，憨厚又有几分滑稽、挑着担子的沙和尚，总是耍小聪明又善于倒打一耙的跟在最后头的猪八戒……还是师徒四人历经九九八十一难，终于抵达西天取得真经……阎肃实在是太熟悉了。

于是很快，阎肃就写出了："你挑着担，我牵着马，迎来日出送走晚霞。踏平坎坷成大道，斗罢艰险又出发""一番番春秋冬夏，一场场酸甜苦辣……翻山涉水两肩霜花。风云雷电任叱咤，一路豪歌向天涯……"

这一段唱词，无论是词句还是意境，都可说是一首达到了情景交融的美文，也可以说是从阎肃心底涌出的创作。但一向在创作上勇于走在时代潮头的阎肃却仍对这样的唱词不满意，他觉得还是没有创新，缺乏深度。可是再往下思索、挖掘，似乎又找不着了！阎肃一时陷入了苦苦思索的烦恼中……

提起《敢问路在何方》的创作，阎肃回忆道：

《西游记》是大家非常熟悉、喜爱的我国古典文学作品，我认为写出师徒四人"迎来日出送走晚霞，踏平坎坷成大道，斗罢艰险又出发。一番番春秋冬夏，一场场酸甜苦辣……"并不难，但要真正挖掘出它的深度含义就不容易了。所以当时我想了很长时间，也没有满意的答案，心里急，还是反复思索。当时真是逼得我满屋子转，来回在地板上踱步。从卧室走到客厅，又从客厅走到卧室，就这样来回边走边思索。

当时我的儿子正逢考试期间，我这样来回走，脚底下的棉拖鞋擦着地毯，发出单调苦涩的声响，害得他也睡不着了，就冲着我说："爸你这么来回走烦不烦呀！你看地毯都让你走出一道印来了！"

文艺界的旗帜和楷模：阎肃

我一看，还真是，刚才的来回走，居然将地毯踩出了一条白印来。这让我猛然想起鲁迅先生的"地上本没有路，走的人多了，也便成了路"的那段名句，我的脑子里也瞬间蹦出了"敢问路在何方，路在脚下"的那句让我较为满意的歌词。得，有了这句，全盘皆活！

果然，主题歌写好后拿到杨洁导演那里后，这位电视艺术家一看就觉得很得劲儿，并大加赞赏说：
"不错，要的就是它！"
再加上作曲家许镜清赋予了它优美旋律，一曲《敢问路在何方》就这样传遍了千家万户。
在改革开放的年代，阎肃创作的西游记主题曲《敢问路在何方》，不仅歌词优美，而且寓意深长。在阎肃创作的众多的扬国威、军威的歌词中，《敢问路在何方》这首歌应该是他创作的第一首深受欢迎又流传甚广的通俗歌曲。
难得的是，《敢问路在何方》虽为流行的通俗歌曲，却让我们看到，在当时的社会形势下，阎肃正是以这种艺术形式告诉人们，改革的路就在脚下，要靠我们脚踏实地地去走,从而鼓励人们面对改革开放的大好形势,要勇敢往前走。亦可以说,阎肃为电视剧《西游记》写的主题歌,起到了向社会宣传我党方针政策的意义。

由此我们更能够理解,为何阎肃对他最初被誉为"达到了情景交融的美文"的那段"你挑着担……一路豪歌向天涯……"的歌词并不满意。他要的,是要赋予这首歌时代的意义。而融入时代、为时代而歌,正是阎肃的一贯品德和创作核心主旨。

再看阎宇在《我和我的阎肃爸爸》中,则以自己的视角,叙述了当年父亲创作《敢问路在何方》的经过和自己的看法,无疑会让我们更深刻地理解阎肃创作《敢问路在何方》的积极意义。阎宇是这样写的:

上个世纪80年代初期,随着电视剧《西游记》的热播,爸爸创作的该剧主题歌《敢问路在何方》也随之飘进千家万户。

……

这首歌应该是爸爸创作的第一首广为流传的通俗歌曲,也可以说是爸爸一贯以来的人生态度的写照。

文艺界的旗帜和楷模：阎肃

老爸一生勤奋努力，不敢稍有松懈。同时也认定一个道理：一个人想要成功，想做得比别人好，就得下功夫，靠自己努力，没别的窍门。他不只一次地对我说："你要把咱家柜子里的书全看了，你肯定学问大长。"

现在社会上可能是受快餐文化的影响，很多人急

1999年，阎肃在家中书房进行创作。

第二章 勇立潮头、奋斗不息的时代先锋

阎肃创作的《敢问路在何方》手稿。

功近利，想走捷径。很多年轻人崇拜明星，崇拜名人，却只看到成功人士如何风光，如何"派头"，但他们并没有细想过，每个成功者背后付出的艰辛努力。诚然，目前社会上，由于快餐文化的翻版和延伸，确有一些仅靠脸蛋或某种裙带关系而一夜走红的人，这在某种程度上，也助长了走捷径的风气。毛主席有句诗词："风物长宜放眼量"，看事物的发展应该多看两步。爸爸就说："凭脸蛋就算一夜出名了，如果自己不努力，一样很快就成一现昙花。"

"敢问路在何方，路在脚下"。这句话，好像就在每个人的嘴边，再简单不过了。可这就是真理。

文艺界的旗帜和楷模：阎肃

为打假而作《雾里看花》

雾里看花，水中望月，
你能分辨这变幻莫测的世界？
涛走云飞，花开花谢，
你能把握这摇曳多姿的季节？
烦恼最是无情叶，
笑语欢颜难道说那就是亲热？
温存未必就是体贴，
你知道哪句是真，哪句是假，
哪一句是情丝儿凝结？
借我一双慧眼吧，
让我把这纷扰，
看得清清楚楚明明白白真真切切。

这是阎肃在 1993 年为中央电视台"3·15"晚会创作的一首歌曲。在这首歌中，阎肃凭借他深厚的中国戏曲修养，借用川剧《白蛇传》中的"慧眼"，精心而又十分巧妙地为"打假"创作完成了《雾里看花》。

20 世纪 80 年代，改革开放带来了经济迅速发展的同时,社会上也开始出现了与时代不和谐的"音符",这就是一度曾经流行的假冒伪劣商品等,对人民的生命财产造成了严重的危害和损失。

为保障商品质量和消费者的合法权益,国家颁布了《商标法》,中央电视台也针对商品质量和保障消费者的合法权益适时举办了"3·15"晚会,"打假"也成为社会上强烈的呼声。阎肃就是在这时,为中央电视台纪念《商标法》颁布10周年的打假晚会创作了《雾里看花》。

如果我们回顾《雾里看花》的创作,仍然可以看出,这首歌的诞生也经历了几乎和《敢问路在何方》同样艰难的创作过程。因此,谈起当年为打假而作的《雾里看花》,阎肃也是不胜感慨:

当时的社会形势确实是假药流行,假冒伪劣商品流行,可说是天怒人怨。所以当时社会上掀起打假的风潮时,为打假写这首歌是没错的。但是说着容易,真要动手写,可就不是那么容易的事了。为什么?不好写呀!打假是符合民心民意的,可是你怎么写到歌词上呢,总不能直接写出"这是假货""劝您别买假

文艺界的旗帜和楷模：阎肃

阎肃家书房一角，这把藤椅兢兢业业地为他"服务"了二三十年。

货"这样的话吧，所以想来想去，这歌词到底应该怎么写呢？总是想不出来。有时候真是想得烦了，我甚至发牢骚说：这是谁出的主意！写这样的歌，真是想不出来！

结果两个星期过去了，仍然没有人能够为打假写出一首歌词。

我仍然在思索，想来想去，最后实在是觉得有些山穷水尽了。但还是想出来了。我想起了川剧《白蛇传》中的法海，他有慧眼能识出妖魔。如果生活中我们能有一双慧眼就一定能识别假货，那就让我们借一双慧眼吧。所以我写出了"你知道哪句是真，哪句是假，哪一句是情丝儿凝结。借我一双慧眼吧，让我把这纷扰看得清清楚楚明明白白真真切切"。

这首歌词的最初创作确实不易，后来在北京电视台"我家有明星"里，我还和一位演唱这首歌的小朋友一起上台演唱。那是我第一次唱，以前从来没唱过……

《雾里看花》创作完成后，一经著名歌手那英演唱，立刻风靡一时，并成为中央电视台每年"3·15"晚会的保留节目。

至今虽然20多年过去了，但是提起《雾里看花》，仍然无人不知，仍然为大家熟悉和喜爱，那英演唱《雾里看花》那特有的歌声似乎就在耳边萦绕……

也许很多人在沉浸于他们喜爱的《雾里看花》的歌声中时，并不知晓当年阎肃为配合中央电视台"3·15"打假晚会而创作《雾里看花》的初衷，也许还有人从《雾里看花》的歌词中更有一些新的感受，也许……

相信你在了解到这一段阎肃为打假而作的《雾里看花》的创作经历后，一定会深深感受到阎肃当年创作《雾里看花》的时代意义。

文艺界的旗帜和楷模：阎肃

还是让我们阅读一下阎宇对父亲创作《雾里看花》的叙述吧：

那时电视上晚会很多，爸爸参与策划、撰稿的也很多，他的作品就更多，几乎每个晚会上都会有他的一两首歌，《雾里看花》就是那时诞生的。

当时中央台为搞一台纪念《商标法》颁布10周年的晚会，请老爸策划，其中有个片段是打假的，要写一首"打假歌"。爸爸想，直接写太麻烦了，那时假冒商品最多的是化肥、农药等，但总不能写"化肥是假的，农药是假的，皮鞋是真的"吧。想来想去，突然想到川剧《白蛇传》中韦陀踢"慧眼"的情节，灵感一闪，"识别真假也得有慧眼啊"，于是"借我一双慧眼吧，把这纷扰看得清清楚楚……"就顺应而出了。这首歌最早就叫《借我一双慧眼》，大家唱着唱着嫌麻烦，干脆就用第一句的歌词代替，于是歌名就成了《雾里看花》了。

这首歌从一问世，可能就没有被看成仅跟"打假"有关，似乎超越了它本身，有人说它是描写男情女爱、卿卿我我；也有人说歌词里有"禅机"，能从中悟出人生哲理。打假打出这么多名堂来，已大大出乎老爸意料。在卡拉OK人们唱这首歌时，谁会想得到，作者是在提醒你，时刻要小心假货啊。这可真成了雾里看花了。

第三章　　服务部队、奉献社会的文艺标兵

创作军歌,我是被时代推着,被责任推着,也是情感在推着。

——阎肃

台前的风采与幕后的勤奋

当年,正在重庆大学读二年级的阎肃,在全中国获得解放的大形势鼓舞下,弃学从军,成为中国人民解放军第二野战军所属的西南军区青年艺术工作大队的一员,从此在舞台尽显风采……

1952 年,阎肃跟随部队来到朝鲜战场,除了为志愿军战士编写表演节目,最受欢迎的,就是带领战士们一起学习并演唱朝鲜民歌。

那个时候,因为是在朝鲜前线,所以文工团员阎肃带领战士们学唱的朝鲜民歌大都是千篇一律的朝鲜民歌曲调。因为这种民歌的最后结尾一般都是"嗡嘿呀……",所以不管唱什么歌,最后都是以"嗡嘿呀……"结束。

好在这样的朝鲜民歌曲调学习起来也非常容易,所以每次志愿军战士们跟着学得都挺快。每当阎肃在前面认真地唱出:"二排战士英勇冲锋炸碉堡啊,嗡嘿呀……"时,战士们就跟着唱:"嗡嘿呀……"

结果就是,不管阎肃在前面唱什么,战士们都跟着一起"嗡嘿呀……",后来唱得多了,附近的朝鲜

文艺界的旗帜和楷模：阎肃

2010年，阎肃赴北京军区空军某部采风，和年轻的战友们交流。

老百姓也来跟着唱了，一下子，阵地上传来一阵阵风味十足的朝鲜民歌曲调的歌声。每当这个节目演出时，都特别受欢迎，这也让阎肃教战士们唱歌的劲头更足了……

喜爱表演和教战士们唱歌的阎肃，还有一个工作也完成得非常出色。那就是，他还是一个非常称职的"引苦员"。

所谓"引苦员"，就是为部队做战前思想动员，把战士们深厚的阶级感情及对敌人的满腔仇恨调动出来。这种工作通常都是在大战役前、部队作战前思想动员时开展。

"引苦员"的工作并不好做，但阎肃做得非常好。

就如阎宇在《我和我的阎肃爸爸》所描述的那样：

爸爸就到各连排"引苦"。他大多是给战士们讲一个"瞎老妈"的故事：

"瞎老妈苦啊……"，在听到爸爸一上来这句沉重的叹息时，本来还放松着的战士们立刻肃穆起来。爸爸接着讲：

"瞎老妈原来有三个儿子，但不幸的是，在那万恶的旧社会……大儿子在抗日时被日本的炸弹炸死了，瞎老妈哭啊，哭啊，哭瞎了一只眼睛……后来，二儿子出去扛长活，回家的路上又被国民党反动派抓了壮丁，活不见人，死不见尸；瞎老妈哭啊，哭啊，两只眼睛都哭瞎了。就剩下个三儿子相依为命，可万万没想到，老三也……"每当讲到这儿，战士们也都开始痛哭流涕了，并相继高呼口号："打倒XXX！""打倒XXX！"爸爸完成任务了，又转到下个连排"引苦"去了。据说，爸爸是最受欢迎的"引苦员"。

从朝鲜战场回来后，阎肃原来所在的青年文工团改名为西南军区文工团。身为文工团员的阎肃，在当演员的同时，又当舞台监督，还管拉大幕，还要管催场。他这时的工作仍体现着"一专，三会，八能"。

当然要说那时"一专，三会，八能"最麻烦的体现，还是阎肃同时还兼管着台上的几盏汽灯。因为那时用的汽灯，里边烧的是石棉丝，特别容易断。赶上弄不好时，石棉丝一碰断全场就"黑"了，所以老得小心拖着它，可费劲了。

虽然那时当一名文工团员不容易，但无论是上台表演，还是拉大幕，管汽灯，阎肃都尽自己的能力，把工作做好。所以阎宇说："我见过一张他那个时期的照片，那是他被评为单位的先进模范而照的合影。照片上有他们单位的全体同事，就爸爸一个人戴了朵大红花，坐在中央，看起来神情有些紧张。"

因为有文化，所以阎肃不仅喜爱登台表演，也喜欢阅读、学习并在业余时间开始尝试创作诗歌，直至作品发表和到后来从台前调到幕后专职搞创作。因而在阎宇的眼中，阎肃不但勤奋好学，文学、戏剧、曲艺等艺术功底也十分扎实：

爸爸是很勤奋的人，非常用功，干什么都力争干到最好。调入空政文工团后，他就开始慢慢往文学创作方面发展。在我看来，爸爸一生好像没过过星期天，有时就算周六会玩会儿，周日又会回到工作状态，在他年轻时更是这样。他把几乎所有的业余时间，都用来阅读戏剧作品、文学作品及看戏。他对各种形式的戏剧、曲艺都认真学习，广泛涉猎。像川剧、清音、单双簧、四川评书、越剧、梆子，什么都看，都学，哪个剧种有什么绝活，精彩的段落他都清楚。

在团里，爸爸还经常教一些小学员学古诗词、古文……

爸爸凭借着自身深厚的古诗词底子和才华，当然更重要的是他的勤奋，开始在业余时间，尝试着创作诗歌、歌词，并试着给报社、诗词刊物投稿。投稿、退稿、修改、再投稿，这成了爸爸当时工作之余的工作，并上瘾了。是啊，像他这么聪明又如此用功的人，结果当然肯定是成功了。

1958年，在坚持不懈的勤奋创作下，凭借着自

文艺界的旗帜和楷模：阎肃

2008年5月，空军政治部文工团团长张天宇陪同阎肃到剧院审查节目。

身深厚的古诗词底子和才华，经历了投稿、退稿、修改、再投稿的磨炼，阎肃的处女作发表了，来得那么突然又那么自然。他写的一首名字叫作《只因我的小银燕是祖国造》歌词被刊登在了上海的一本歌词刊物《满江红》上。

就是这首印成了铅字、还有稿费、如今看起来似乎并不像歌的作品的发表，给了当年阎肃极大的鼓励，为他人生之路开启了艺术创作之门。在这之后，阎肃创作热情更高了。不久，他又发表了一首歌词《公共食堂好处多》：

公共食堂好处大，灾荒困难全不怕，男女老少聚一堂，亲亲热热如一家；公共食堂好处多，省时省工省柴火，不需家家开小灶，全村共享一口锅。

虽然在今天看来，当年的《公共食堂好处多》还带有明显的时代印记，虽然至今阎肃对自己的处女作《只因我的小银燕是祖国造》一句也想不起来了，登歌词的那本刊物也没留下。但正是这些创作，给了年轻的阎肃极大的鼓励，也有了阎肃"从台前演出转向幕后创作"的人生转折。也从此，中华大地走出了一个讴歌祖国、讴歌时代，创作了一千多部壮国威、强军威作品的一代军旅艺术家！

"我的窍门就是认真对待每一项工作"

阎肃从拉大幕开始了自己的艺术道路，并逐渐成名，被誉为文艺界的"词坛泰斗""国宝级艺术家"。对此，阎肃谦虚地说："我一概不承认，根本没有的事，感觉自己没做什么，怎么就有了这么高的评价？我唯一承认的，就是我很勤奋，我认真对待每一分钟。"

他提到，一个人写一个作品，火了，这很不容易；写两个作品，火了，更不容易，但也有可能是撞大运；如果他写十个作品，都火了，都很受认可，他一定有自己的窍门。"我的窍门就是认真对待每一项工作。"他是这样说的，也是这样做的。不论是文工团领导布置的任务，还是别人找他帮忙，他都认真对待。正是这种态度，使他在不同历史时期都创作出了紧贴时代的精品力作。

如今，65年过去了，阎肃也早已从一名在台前为部队官兵表演、展现风采的"一专、三会、八能"文工团员，成为一名幕后从事创作的卓越的军旅艺术家。几十年来，阎肃一直以坚定的时代步伐，冲锋在主旋律文化第一线，也因此，阎肃被誉为服务部队、奉献社会的文艺标兵。

为兵而作《我爱祖国的蓝天》

我爱祖国的蓝天，
晴空万里，阳光灿烂，
白云为我铺大道，
东风送我飞向前。
金色的朝霞在我身边飞舞，

第三章 服务部队、奉献社会的文艺标兵

脚下是一片锦绣河山。
啊，啊，水兵爱大海，骑兵爱草原，
要问飞行员爱什么？
我爱祖国的蓝天。
我爱祖国的蓝天，
云海茫茫，一望无边，
春雷为我擂战鼓，
红日照我把敌歼。
美丽的长虹搭起彩门，
迎接着战鹰胜利凯旋。
水兵爱大海，骑兵爱草原，
要问飞行员爱什么？
我爱祖国的蓝天。

这是阎肃由台前转入幕后从事专职创作工作不久，深入连队当兵体验生活后，于1961年创作完成的歌词。之后由作曲家羊鸣谱曲，创作而成那首回荡蓝天半个多世纪的著名的《我爱祖国的蓝天》。

50多年来，这首歌让中国一代代空军官兵人人会唱，不仅激励了几代热爱祖国、热爱空军、为国争

文艺界的旗帜和楷模：阎肃

光的空军男儿，而且至今仍以它壮丽的歌词，优美的旋律让人心情激动，斗志昂扬。就如空军官兵所赞扬的那样：

这支歌是长翅膀的，家喻户晓、一直传唱了五十年；这支歌是有生命的，它激励一代代华夏儿女放飞梦想志向、伴随一代代空军官兵保卫祖国的万里长空。

《我爱祖国的蓝天》创作的成功，离不开当年阎肃深入基层，下连队当兵的工作与生活。而这一段当兵的日子，也让阎肃经历了一段难忘的"为兵而生，为兵而作"的艰苦磨炼。

初尝当兵之苦

1959年春节刚过，那时的阎肃刚刚从台前调到幕后从事专职创作工作。当时的空政文工团团长黄河，还有政委陆友就找到阎肃谈话，让他下连队去当兵。

阎肃听了，不免有些担心，他向领导问道："下去了，我还能回来吗?"

领导对阎肃说:"没有什么时候，你不要考虑什么时候回来，不要考虑了，你到部队去，不是这里的人了，什么时候回来我们说了不算，你老老实实当兵去……"

虽然知道下连队当兵是为了贴近连队生活，更好地创作。可是阎肃听了团长和政委的话，仍然觉得心里如同"十五个吊桶打水"一般，七上八下的一阵不踏实。不由在心里嘀咕了一句：还没找老婆呢，就当兵去了？

于是很快，阎肃一行人背着铺盖卷下放到广东沙堤某空军基地开始深入军人生活了。想不到下到部队的头一天晚上，就赶上了部队突然紧急集合。刚刚安顿下来的阎肃，猛然听到了各连队"滴滴答答"的集合号声同时吹响，立刻和其他战士一样，一跃而起，急匆匆地开始打背包。

一阵手忙脚乱之后，阎肃终于打出了一个像面包似的背包。虽然知道不合格，但是看着一个个背着整齐背包跑出去的战士，顾不得许多的阎肃只得向连队集合地点跑去。

文艺界的旗帜和楷模：阎肃

刚刚到部队的阎肃，几乎谁都不认识，就认识一个大个子的二班副，于是他就一直盯着前面一个大个子的山东兵，在他后边跟着跑。想不到跑着跑着，他就觉得不对了。因为他忽然发现，连长换人了！等到天又亮了点儿，他再一看，前边那个大个子也不是他原来认识的那个二班副了。阎肃这才知道自己跑了这么多路，却跑错连队了。他本是五连的，想不到却跟着三连跑了大半夜。

那次紧急集合的窘况，也让阎肃总结了"经验"。为了避免再遇到夜里紧急集合时的手忙脚乱和打出像面包一样的背包，阎肃专门准备了两套被子，一套为正常睡觉时使用，另一套则永远打成一个整齐背包的样子，放在床下随时待命。

下到连队的阎肃，开始的工作是空军机械员。可是那年正好赶上三年困难时期，这让初到连队的阎肃除了白天在机场工作值班以外，晚上还要和战士们一起收拾连里的菜地。

生活虽然艰苦，工作也很单调劳累，但是阎肃一直严格要求自己，努力做好空军机械员的工作。对于那一段机械员的工作，阎肃也印象很深。他后来回

忆道:

那时虽然白天在机场战斗值班,晚上还要收拾菜地,工作比较累,但我一直工作很认真,我敢说,那时我绝对是一名合格的空军机械员。擦飞机,可说是又快又干净。要是说起来,还是战机的起落架最难擦了,因为起落架距地面的高度说高不高,说低不低。就是说,人站着吧,站不直,坐着呢又够不着。当然也不能搬把椅子来啊,所以只有让腿保持半蹲的姿势擦,还一定要把上面的沙土全清洗干净才行,可累了……

面对国内三年自然灾害时期的艰苦生活,阎肃总是用诗人柯仲平写的诗来鼓励自己:"埋头,埋头,天不怨,人不忧……"

过中秋节了,每逢佳节倍思亲,那年的中秋节,阎肃和战士们一样,领到了连队发给每个人的一块"黄糖"月饼,以及水果糖等。按虚岁已经31岁的阎肃还没有结婚,看着"黄糖"月饼和水果糖,阎肃立刻即兴写诗一首:

文艺界的旗帜和楷模：阎肃

　　黄糖饼一个，水果糖两颗。
　　蹉跎，蹉跎，三十一了哥哥。

主动融入连队，点燃创作激情

　　即兴作诗，是阎肃面对艰苦一贯"苦中作乐"的做法，也是他面对困难的一贯乐观革命精神。而在深入连队体验生活的一年中，阎肃经受磨炼和收获最大的，就是和战士们在一起生活和工作的日子。

　　在战士们中间，阎肃这才知道自己有太多的东西需要补课。他心里着急琢磨着，怎么把被动变成主动？想明白了，他觉得自己应该做的是把"我被动地来"变成"我主动地想在这儿待"。

　　于是，他主动迎上去，主动去亲近部队，主动和他们交朋友，主动在连队当好普通一兵。一切主动地来，就游刃自如了，天地也宽广了，感觉就不一样，自由了。他跟着老兵学当机械兵：擦飞机、充氧、充冷、充气、加油、分解轮胎、钻飞机进气道。时间长了，他跟机械师、机械员、特设师、无线电员，全都交上了朋友，连飞行员也都熟悉了。在机务部队，阎肃拿个小刷子沾上油，擦飞机，就在那个缝里刷。一会儿腰就疼了，最不起眼的活，但最累。擦飞机，擦得腰酸背疼。在值班室里面，大家很枯燥，阎肃就和他们聊天，变魔术，演节目。就这样，到了年底，慢慢感情交融了。

在当了半年的机械员后，阎肃又带职当了半年的中队副指导员。这期间，他和战士们打成一片，感情很深，同时也体会到军人责任的重要。

一个周末，阎肃所在的连队接到上级通知，有慰问演出来连队。所有官兵都很高兴。正在带职当副指导员的阎肃代表连队去迎接演出队伍。想不到见面一看，来的竟然是空政文工团自己的老战友们。

见到了曾经朝夕相处的老战友，阎肃很激动，只觉得是那样亲切。更没想到的是，老战友们要演的剧目就是他写的《刘四姐》。自己创作的节目，又由自己来接受战友们的演出慰问，阎肃和战友们都觉得实在是太有意思了。所以，当阎肃以带职副指导员的身份代表部队致欢迎词时，他说一句，底下的战友们就笑一下……

不久，指导员休假了，阎肃又在机务中队承担负责工作。有一天，他带队跟班进场飞行，中队放飞的

文艺界的旗帜和楷模：阎肃

一架飞机升空后，飞行员发现起落架收不起来。当塔台传来这个消息时，阎肃一下子就慌了，他的心提到了嗓子眼儿，心想，这个"四好连队"可不能在自己手上搞砸了啊。

后来飞机返场后，经过检查，没有问题。阎肃一颗悬着的心终于放了下来。原来是一名新飞行员操纵不当造成的。但是事后想起来，阎肃仍然觉得全身都

和最爱唱《我爱祖国的蓝天》的飞行员们在一起，阎肃的笑格外开怀。

发凉。这件事让他又一次真正知道了什么叫"责任",一名军人应该担当什么样的责任。当兵这一年多,阎肃终于融进了连队。

阎肃还发现,身边的这些人都很好,而且他们关心的目标只有一个,就是蓝天。因为在蓝天上飞的,要不就是自己的同事,要不就是自己的领导、部下,或是自己的爱人。一个人飞上去,对他的眷恋和担心,是这里所有的人共同关注的"焦点"。

从那以后,阎肃也开始和所有人一样,懂得了军人,恋上了空军,爱上了蓝天,也把自己的心系在了蓝天。有一天,阎肃和战士们一起把飞机"伺候"好后,3架飞机起飞了。他就和战士们一起,躺在那等着,心里也是不想别的,只琢磨着,我们的战友飞上去了,什么时候回来,能不能安全落地?

可是到了傍晚,眼看着别人的飞机都回来了,只有阎肃这个机组的一架飞机还没回来。这个时候的阎肃也和大家一样,一双眼睛紧紧盯着映满了晚霞的蓝天。

再看每一个人眼睁睁看着蓝天的专注神情,阎肃不由想起平日里自己常常一个人,躺在草地上注视着

文艺界的旗帜和楷模：阎肃

广阔的蓝天和壮丽的云霞。一种莫名感觉升上心头的阎肃忽然灵光一闪，是啊，此时此刻，蓝天下、机场上，地上的他和天上的他，心都在天上。对，地上的他和天上的他，都爱这片蓝天！想到这里，阎肃激动了……

当天晚上，回到军营的阎肃终于再也抑制不住如泉涌般喷发的创作激情，他将一年来自己当兵的生活积累，将自己心系空军的赤诚，全都付诸笔端。于是，"我爱祖国的蓝天，晴空万里，阳光灿烂，白云为我铺大道，东风送我飞向前；金色的朝霞在我身边飞舞，脚下是一片，锦绣河山……"一字字一句句，跃然纸上……

一首歌激励几代空中男儿

《我爱祖国的蓝天》歌词很快创作完成了。又经过几次认真地修改后，阎肃终于满意了。他把歌词拿给了一起下连队、都在基层当兵的姜春阳、羊鸣、李光，他们看后都觉得很好。姜春阳很快拿过去开始为《我爱祖国的蓝天》谱曲，但不知为什么，最初的《我爱祖国的蓝天》并没有唱响，于是羊鸣又创作了第二版。

又写一遍的《我爱祖国的蓝天》终于出来了。那个年代，通信手段远没有现在这么先进，他们就把写好的《我爱祖国的蓝天》寄回到团里。也许当年在部队唱惯了节奏感很强的二拍子的歌曲，而这首歌是三拍子的，很悠扬，战士们唱得非常顺口。于是，后来空政文工团下部队演出就唱了这首歌。紧接着，广播电台的"每周一歌"也教了，就这样，《我爱祖国的蓝天》不胫而走。再后来就是，《我爱祖国的蓝天》一下子就火了。

这一火，就火了几十年。从20世纪60年代开始，《我爱祖国的蓝天》一直唱到了21世纪的今天！依然屡唱不衰。空军大院里的一个年轻的军官亲口对阎肃说："我当年就是听到《我爱祖国的蓝天》这首歌后，才立志要报名参加空军的。"

几十年来，伴随着《我爱祖国的蓝天》的歌声，一代代年轻人在成长，一代代空军战士，更加热爱祖国，热爱空军，为国争光！

当年，阎肃深入连队，历经艰苦生活的体验，完成了为兵而作并传唱至今的《我爱祖国的蓝天》。几

文艺界的旗帜和楷模：阎肃

十年后的今天，悠扬的歌声依然那样悦耳，依然那样鼓舞士气，依然那样充满了当兵的自豪，充满了对祖国大好河山的热爱……这是阎肃对兵的奉献，也是兵对阎肃的回报。就如阎肃所说：生活就是这样：最苦的时候往往也是最快乐的。当你给予生活时，生活自然也会回报你。

说起《我爱祖国的蓝天》为什么在长达几十年的时间里能够久唱不衰，能够如此受欢迎？阎肃豪迈地说："过去的军歌都是二拍子，而这歌是三拍子，很潇洒，很悠扬，有飞一般的感觉……"

还值得让阎肃自豪的是，《我爱祖国的蓝天》这首歌不但飞行员爱唱，机务官兵也唱，就连场务连扫跑道的战士都爱唱。传唱几十年至今，《我爱祖国的蓝天》早已经成为空军的代表性曲目。

此外，与空军有关的所有的重要场合，几乎都要演唱这首歌。2009年国庆大阅兵中，空中梯队受阅时的伴奏曲，就是《我爱祖国的蓝天》。还是在这一年，国家举办了"空军和平与发展国际论坛"，此次会议邀请了多个国家空军代表团和国家驻华大使参加，并观看了空政文工团的文艺演出。

席间，一些外国友人说，中国军队的歌曲十分棒，他们喜欢《我爱祖国的蓝天》，而且还会唱。这不经意的言语，感动了在场的所有人。

《军营男子汉》提振军人士气

20世纪80年代末，在改革开放的春风沐浴下，社会主义祖国正处在一个经济转型、观念解放的初期。在这样的社会环境大背景下，有一些人辞去公职，打破了原来的"铁饭碗"，开始下海经商。一些商海的"弄潮儿"发了财，也有的人一夜之间就发生巨大的变化，或者成了名人。

社会的大变革、大动荡，让很多人的社会地位都在无形中悄然发生了变化。尤其是原来一直在人民心目中最崇高、最神圣的钢铁长城——人民军队的子弟兵，比起某些一夜之间富起来、生活优越的"下海"人，此时的军人确实显得条件艰苦，待遇也差多了。一时间，许多为国当兵的男儿不由发出了"太亏""不值"的呼声……

也是在这个时期，阎肃来到了位于辽东半岛的一

文艺界的旗帜和楷模：阎肃

座军营。在和部队军官战士们的谈话交流中，他听到战士们发出了这样的声音："为什么说我们是'傻大兵'？""发生灾难时会想起我们，说我们是最可爱的人，可平常怎么就成了'傻大兵'？"

阎肃听了，心中又一次受到震撼，一种勇于担当，为人民军队服务，为社会做奉献的坚定意识陡然在心中升起。他要站出来，为鼓舞人民的子弟兵呐喊……

"我必须要为战友们撑撑腰，壮壮气！"他在心里发出了强悍的声音。

于是，不顾连日下军营的疲劳，阎肃连夜开始创作。很快，一首振军威、鼓舞士气的《军营男子汉》创作完成了：

我来到这个世界上没有想去打仗，
只是因为时代的需要我才扛起了枪；
失掉多少发财的机会丢掉许多梦想，
扔掉一堆时髦的打扮换来这套军装。
我本来可能成为明星到处鲜花鼓掌，
也许能成经理和厂长谁知跑来站岗；

阎肃赴北京军区空军某部基层连队教唱歌曲《军营男子汉》。他说:"创作军歌,我是被时代推着,被责任推着,也是情感在推着。"

但是我可绝不会后悔心里非常明亮,
倘若祖国没有了我们那才不可想象。
真正标准的男子汉大多军营成长,
不信你看世界的名人好多穿过军装;
天高地广经受些风浪我们百炼成钢,
因为人民理解我们心头充满阳光。

阎肃在这首他连夜创作出来的《军营男子汉》中,以"我来到这个世界上,没有想去打仗,只是因为时代的需要我才扛起了枪"开头,以"天高地广经受些风浪我们百炼成钢,因为人民理解我们心头充满阳光"结尾,就似一个为国当兵的战士的独白,慷慨激昂地道出了一个军营男子汉视从军最光荣，当兵永不悔的豪情。

因此，《军营男子汉》一经完成，不仅受到战士们的热烈欢迎，而且很快在军营中传唱开来。在当时的历史环境下，可以说《军营男子汉》既唱出了人民子弟兵的军人士气，也唱出了部队军营的底气，更向人们展示了我国改革开放初期，人民解放军官兵的精神面貌。就如总政治部宣传部艺术局原局长秦威所说："国家意识、军队意识、空军意识，在阎老的脑海中是根深蒂固的。"

唱出军威，深受战士喜爱的《军营男子汉》不过是阎肃创作诸多的军旅题材作品之一。实际上，在阎肃一生中创作的一千多部（首）作品中，有三分之二是军旅题材。也因此，空政文工团团长张天宇感叹说："在人民空军发展壮大的每一个重要阶段，都有他的作品在记录传唱。"

而阎肃的儿子阎宇在《我和我的阎肃爸爸》中的一段回忆，则会让我们对阎肃服务军队、奉献社会的高尚品德有更深刻的体会：

爸爸说这首歌是他有一次下部队体验生活时，从基层官兵到师团领导都反复座谈，之后将他们所谈的概括起来，就成了《军营男子汉》的歌词。爸爸作为部队的一员，反映战士生活的作品是相当多的。他一直认为，要想写出战士喜爱的歌，只有一条路，到战士中去，像他写的《天职》也是这样来的。

在爸爸的"军营三部曲"中，还有《军营春秋》和《军营时光》，我觉得《军营春秋》的几段词还是蛮有感觉的：

黄昏后，当天边的彩霞伴着那清风，
悄悄地爬上山口，
也正是我们一天当中，最悠闲的时候；
来吧伙伴们，弹起那六弦琴亮开你的歌喉，
唱一唱青春，唱一唱友谊，唱一唱军营的春秋。
谁说是，军人们的生活单调又平凡，
没见过红灯绿酒，
只有那一件件的军装，一群群的光头；
不啊，伙伴们，我们的生活里格外斑斓锦绣，
金黄的奖章鲜红的热血还有那黑亮的枪口。

此外，还有一首阎肃用从一排到十的方法，为歌颂空军而作的《天兵》，被专家评价为"阎肃的歌词是白话不白，大白话里又透着古诗词的韵味，在艺术上是最随意最自然的流露"：

一轮朝阳起，
两翼穿云随，
三尺红霞铺坐垫，
四季清风身后追；
五音鸣天籁，
六弦手一挥，
七彩长虹开大路，
八方呼啸卷惊雷；
九万里山河收眼底，
十万丈高空显英威。

就像专家评价的那样，阎肃不仅满怀对兵的激情、将他歌颂的人民空军歌取名为《天兵》，而且以一个军旅艺术家宏伟气魄的大手笔，从"一轮朝阳起，两翼穿云随"开始，一直到"九万里山河收眼底，十万丈高空显英威"挥就而成。整首歌词不仅透着中华民族文化的古诗词韵味，更饱含了阎肃为兵而作、爱兵的深厚感情，以及他一贯奉行的"军队文艺作品要有兵味战味，绝不能变了味"的指导思想。

"抒肝胆，聚风雷，问人生啊能几回，大别秦岭云涛吼，至今澎湃赞军威。"这是阎肃为2015年"八一"期间在全国热播的、纪念抗战胜利70周年献礼电影《百团大战》创作的影片主题歌《丹心拥朝晖》的歌词。

这首歌依然展现了阎肃一向遵循的爱国、强军的创作准则。因此，原总政歌舞团团长印青对《丹心拥朝晖》评价说："浑厚雄壮的歌词寄托了阎老拳拳爱国心，赞颂了中国在抗日战争中流砥柱作用，一经推出便广受好评。"

"我是谁，为了谁"，阎肃的回答是：我是兵，为了兵；我是艺术工作者，必须为艺术献身。65年来，阎肃始终扎根于人民军队之中，他是兵，爱兵，为兵而创作，更是一名"服务部队、奉献社会的文艺标兵"。

第四章　　品行高洁、德艺双馨的道德楷模

不管我遇到什么情况,不准你们跟组织上提一点要求,我把这一生完全彻底地交给组织。组织上给予我的已经太多,我却回报的太少……

——闫肃

"德"于普通与平凡中

作为一名深受人民群众与部队官兵敬重和喜爱的著名军旅艺术家,阎肃不仅创作了一千多部感人心弦、极具魅力、高歌时代的艺术作品,更以他谦虚待人、淡泊名利的人格风范得到人们的敬佩,并被誉为品行高洁、德艺双馨的艺术家。

在阎宇的眼中,父亲就是一个普通而又平凡的老爷子。但正是在这普通与平凡中,浸满了阎肃高洁的品行和令人崇敬的"德"。

阎宇说:

爸爸每次出门,不管遇到什么人,花匠、烧水的、木工、大师傅、小战士,总是主动先向对方微欠上身,大声打招呼。小时候,我觉得他一点儿派都没有,特跌份儿。爸爸不管和谁约时间,他总是提前到,就怕让别人等。

有时候我的朋友找他,刚见面挺紧张的,老爷子就会说:"您有事别客气,我和我儿子没的说。"

这么一句话,让大家都轻松了。

文艺界的旗帜和楷模：阎肃

阎肃坐镇中央电视台青年歌手大奖赛30年。

　　随着中央电视台举办的几届青年歌手大奖赛，每届都请老爸担任评委或嘉宾，在电视上露面的机会也就更多，弄得很多老百姓也开始认识他了。有时出门，经常会被周围的人认出，拿他当明星一样，向他索要签名并合影留念。有一年，爸爸等几位作家到贵州遵义采风，在赤水市金沙桫椤保护区内，这是一个连手机信号都没有，甚至于有线电话都难找的穷山沟，老爸竟然还多次被脚夫认出，他不无感慨地说："由此可见这里的人们都很关心文化，这就有了文明的希望。"

　　……我和老爸出去吃饭，总会遇到临桌的人向他热切地张望，而且老爸天生一副随和的样子，不会让别人望而却步，人家会走上来说："您是阎老师吧？"

爸爸都会温和的点头笑笑说:"没错。"来人又说:"能不能麻烦您留个签名啊?"爸爸都会爽快地答应,不会因此觉得有丝毫的打扰和麻烦。

后来,爸爸的知名度越来越高,但逢有人请他签名或者合影,他仍然都是来者不拒。有一次,我陪爸爸在温泉泡澡,我们爷儿俩正浑身打了浴液的时候,有两位中年人走到我们跟前激动地说:"您是阎肃老师吧,能给我们签个名吗?我们赶飞机,实在等不及了!"

爸爸毫不迟疑地说:

"行啊,拿笔来,哈哈,你们今儿个算是看到彻底的阎肃了!"

爸爸一生得到过无数的荣誉,可他把名利看得很淡。他常说:"得之淡然,失之泰然,顺其自然,争其必然。"

1997年的一天,我当时在外地做生意,吃中午饭时,一个同事跑过来和我说:"江主席给你老爸授了二等功。"我问:"什么功啊?"他又说不清了。等到晚上看报纸,才知道是当时中央军委主席江泽民同志签发通令,给四个军级以上的单位和个人授予军功

文艺界的旗帜和楷模：阎肃

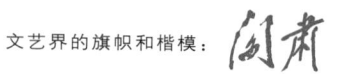

奖励。当时有一个单位集体被授予三等功，爸爸被授予二等功。通令说，爸爸几十年来，辛勤耕耘，创作了一大批深受部队官兵和广大人民群众喜爱的优秀作品，共获得全国性大奖11项，全军性大奖12项，为繁荣部队和社会的文艺创作，作出了突出的贡献，为表彰其功绩，中央军委决定给阎肃记二等功。这是有

阎肃说起奖杯如数家珍。

史以来，军委主席第一次为文艺战士签发立功通令。

后来问起老爸，他很平静地说，当时空军往军委报，是给他报的三等功，等到批下来竟是二等功，真是没有想到，这在文职干部中是非常罕见的。

虽然爸爸说得挺简单，但我想这次授予功勋，是中央军委对老爸的一生勤勤恳恳、任劳任怨，并做出相当多成绩的肯定，老爸心满意足了。

爸爸一生得到过无数的荣誉，他的作品也获得过很多奖项，在我们家里摆着很多爸爸得过的各种奖杯、奖牌。但老爸从没有因此过多的沾沾自喜，可以说老爸把功名看得很淡，这倒并不是说他比别人多了多少高风亮节，而是他真正做到了清心寡欲。

就拿我们家分房子来说吧，这么多年来，单位每次按规格分房，都是让老爸先挑，但老爸向来都是无所谓的，住什么房子都觉得挺好，生怕给组织添麻烦。前几年，上级领导给空军的一些干部重新调整住房，爸爸一直也没太上心，觉得搬不搬都好，甚至连新房子都没去看过。他的这种态度也影响了家人，连我们也都无所谓了。后来，还是当时的团长仇非在院门口遇到我，和我说："告诉你妈，房子可以不要，

137

但总应该去看看。"我把这话告诉了妈妈,妈妈看过之后才决定还是搬家吧。照例,装修、搬家等事宜爸爸还是一概不操心。

从我记事以后,老爸真正只过过两次生日,第一次是他66岁生日那年,我们家很多亲戚都来了,二叔、四叔一家还从昆明、重庆赶来,大家热热闹闹地吃喝了两天,姐姐还给他包了66个小饺子,都祝愿老爷子六六大顺,让他心情极其舒畅。

第二次是2000年,那年是老爷子70大寿,我们全家人都挺重视。空军首长也非常重视,提出要由政治部牵头给老爸过生日。这下倒让老爸觉得惶恐不安起来,他很怕给组织上添麻烦。

在生日的前一晚,我们全家及姑姑、两位叔叔家的亲戚全都到齐了,提前给老爷子拜寿,大家都准备了不少生日礼物,让他老人家高兴得多喝了不少酒。

第二天一早,空军首长亲自来我们家里向我爸祝贺生日,并送了一个很大的生日花篮,老爸非常高兴。上午由空军政治部宣传部机关的同志共同为老爸组织了茶话会,我们家人也参加了。会上政治部的首长及很多爸爸的老同事、老战友都发言,表达了对老

第四章 品行高洁、德艺双馨的道德楷模

2015年，中共中央宣传部、文化部、总政治部在北京人民大会堂联合举办阎肃同志先进事迹报告会。

爸的祝福及感慨。老爸也说了几句，他说没有部队，没有组织就没有他的今天，他觉得他所做的一切远远不够，而组织上对他的照顾太多了……

5年前，爸爸80岁的时候，有两件大事：一个是他的作品音乐会，是他自己主持的，还有一个就是他的先进事迹报告会，他自己发言，特隆重。记得我当时挺兴奋，我想爸爸也一定挺激动。回家以后我得找他喝一口。

可是我回家推门一看，爸爸就像什么事都没发生一样，仍然和平常一样，坐在他平时永远保持一个姿

139

势的那间小屋的书桌旁，正安安静静地改自个儿的一个小词儿。我调侃爸爸说："老爷子，80了还当劳模，有啥感触？"

爸爸说："我挺不习惯，我也没干什么，一辈子低调惯了，所以我有些紧张、惶恐，还是该干吗干吗吧。"

爸爸说完，又像每天一样，专心改他的词儿了。

空政文工团团长张天宇回忆：

阎老在空政文工团经历了13任团长、16任政委，整整工作了60年，可说是资历最老。但是他始终保持普通党员、普通一兵的本色。他的心里装着组织，一辈子低调。几十年来，每月领到工资的第一件事，就是交党费。无论在何时，外出参加活动都主动向文工团领导请假、销假。

记得是2015年的一天，阎老有活动要外出，临出发前，阎老仍然是先找到我说："张团长，我向您请假……"

我听了，不禁心中一震，这就是阎老，85岁的阎老，始终把自己看作一名普通党员，普通一兵，他的心中始终装着党性观念、纪律观念。

以作品为重，甘为人梯

身为部队文艺创作的工作者，阎肃还处处以作品为重，从不考虑个人的利益，以共产党员的高尚情怀感动着每一个人。在一次为空政文工团排练舞蹈诗《我们的天空》的录音中，阎肃不为名不为利，毫不计较个人得失的高贵品德更是留给大家深刻的印象。

那是在2009年，空政文工团在创作排练舞蹈诗《我们的天空》的过程中，需要录制画外音。经过研究，大家一致认为阎肃最适合，因为他的嗓音独特、感染力强，于是就请阎肃来担任画外录音的工作。

这一年，阎肃已经是79岁高龄，但他仍然是义不容辞，欣然受命，并很快开始了第一次录音。这一录，阎肃就在录音棚里整整录了两个小时。不曾想后来一播放，效果却不令人满意。没有别的办法，只好重新录，而且还得是一句一句重录。

此时的阎肃虽然已经认真录制了两个小时，对于一个年近八旬的老人来说，无疑已经付出了很多的精

文艺界的旗帜和楷模：阎肃

力和体力，但阎肃二话不说，仍然是一丝不苟，一句一句重新录制。就这样，一直忙到凌晨，录音才结束。

不料，耗费了这么长的时间，录音合成后却发现，阎肃的嗓音风格类型仍然不合适。最后实在没办法，领导还是想换一个人来录制。阎肃一直忙到凌晨，不知为此付出了多少精力和体力的画外录音就这样被"出局"了。

但阎肃却丝毫不放在心上。当团领导向他说明情况时，听明了原因的阎肃立刻毫不犹豫地向团领导表示说："一切为作品考虑，不要考虑我个人的感受，哪个合适就用哪个。"

阎肃的话感动了在场的每一个人。因此张天宇团长回忆说："这虽是一件小事，但从这件小事上，我们就能感受到阎老的宽阔胸襟和无私品格。"

军旅作家王树增回忆：

我和阎老共同参加了庆祝抗战胜利70周年大型文艺晚会的策划工作。在我们共同工作的日子里，留给我印象最深的是，担任首席策划顾问的阎老，每次

第四章　品行高洁、德艺双馨的道德楷模

的策划会议，他总是第一个到，每次的排练，他总是最后一个走……

我也曾和阎老一起下过部队采风，亲眼看到阎老手把手教部队基层创作人员如何搞创作的感人情景……部队的师歌、团歌，甚至连歌，都是他的创作。

如今已是空政文工团副团长的陈小涛还记得，多年前刚来团里时，发现团里的生活条件比较差，住的是平房，有些失望。

"我们刚放下背包，阎老他们就到宿舍来看望我们，对我们嘘寒问暖，送来大衣给我们御寒。"说到这里，陈小涛的眼中已泛起泪花，那时正好快过年了，阎肃还提议让团里的老艺术家们，从各自家里送一道菜来，"阎老那时从家里拿来的是八宝饭，香甜的味道至今难忘"。

空政文工团原团长杨月林说："论资历和年龄，阎老在团里是最老的，但是在年轻演员的眼中，他既是一位德高望重的导师，又是一位乐于助人的朋友，还是一位和蔼可亲的长者。阎老把将艺术的'接力棒'

143

文艺界的旗帜和楷模：阎肃

2014年11月，歌剧《江姐》巡演时，阎肃和第五代江姐扮演者（自左至右分别为曲丹、王莉、伊泓远）一起讨论剧情。

一代一代传给年轻人，作为自己义不容辞的责任。"

伊泓远是空政文工团演员、第五代江姐扮演者之一。在排练中，由于年龄、阅历的差异，她对整个剧理解不够深刻，特别是对江姐的内心感受和心理变化把握不准，压力非常大，一时间产生放弃的念头。关键时刻，阎肃帮助了她。伊泓远回忆：

阎肃老师坚定地对我说："你年轻，没有失败！"
阎肃老师教年轻人很有方法和耐心，厚厚的剧本，每一幕、每一场、每一句、每一个字，他都非常认真地讲解，直到演员理解了为止。

第四章 品行高洁、德艺双馨的道德楷模

空政文工团演员、第五代江姐扮演者之一王莉道：

阎老对我们小辈的关心体现在点点滴滴，他抽烟，但是从来没有在我面前抽过一根烟。我能感受到，这是阎老对声乐演员的保护。

2007年，《江姐》第五次复排，在国家大剧院首演。为了这次演出，阎老投入了大量精力，前后修改了265次，删掉了2000多字。

我有幸成为第五代江姐扮演者，当时我很担心我的娃娃脸型演不好江姐的形象，阎老知道了，就鼓励我说："你的外形和江姐原型最像。"阎老始终以培育新人为己任，不仅在艺术上手把手毫无保留地传授，而且用人格的魅力感染和教育青年演职人员，团里搞一些大的活动，他都把年轻人往前台上推。《江姐》5次复排，他都默默地站在幕后，甘当人梯，乐作嫁衣，用50多年的心血把一代代"江姐"送上舞台。一直到2015年9月28日，是阎老住进重症监护室前一天，他还躺在病床上为年轻后辈修改歌词、指导创作。

2009年，在庆祝国庆60周年大型音乐舞蹈史诗《复兴之路》创作过程中，阎肃又以79岁的高龄，领衔文学部主任。担任该剧总指挥的文化部原副部长陈晓光说："考虑到阎肃的年龄，我本想让他做顾问的，可他坚持要求到创作一线去。那一年，他起早贪黑，一丝不苟，创作的《我的家园》《马兰谣》艺术效果特别好。"

对这段高难度创作，阎肃是这样形容的："一路发烧般走过来，始终热度不减。"

入党前，阎肃认为共产党了不起，崇拜党；入党后，他觉得自己离党员的要求差得挺远，凡事以共产党员的标尺丈量自己。

一桩桩一件件的往事，平凡，却感人，更于平凡之中显现出阎肃的高贵品德。

道不尽的电视"缘"与"春晚"情

自20世纪80年代，一直在军旅艺术创作道路上驰骋的阎肃，开始与电视"结缘"，从此便以新的创作形式投入到时代洪流中，服务于民，服务于兵。

阎肃最早也是第一次接触电视节目是在 1984 年。当时北京电视台张正言编导正制作一个叫《家庭百秒十问》的栏目，于是找到阎肃，请他帮忙给这个节目当顾问，并撰写主持人台词及帮着出些题目，等等。这是阎肃参与策划、编辑的第一个电视节目，从此一发不可收拾，开启了新的艺术创作之旅。

后来，北京电视台《家庭百秒十问》节目在 1985 年春节期间播出后，非常受观众喜爱，几乎红遍了整个北京城。从那个年代走过来的北京人，至今对当年的《家庭百秒十问》留有深刻印象。

这个节目获得成功，离不开阎肃的倾情投入，那时连续每天都要出一百个题目，确实挺不容易的。以至阎宇后来回忆说：

……半个月后，也快没题出了。我曾问爸爸："怎么会想到去搞电视节目啊？"

老爸说："人家找上门来让帮忙，觉得挺有意思就搞了。"

"那人家干吗找你啊？"

文艺界的旗帜和楷模：阎肃

"那我就记不清楚了。"

老爸就是这样稀里糊涂地与电视结下了缘分。那年，他又帮着北京电视台搞了晚会《游谜宫》，后来又参加中央电视台晚会《新春乐》的撰稿，用著名相声演员杨振华父子在深圳游乐场的一番游趣串起整台晚会，逗乐了观众。

阎肃策划晚会马到成功，做嘉宾、评委也尽显风采。这，在阎宇的《我和我的阎肃爸爸》中，我们可以感受、领略到：

爸爸在1988年底策划了新年晚会——《难忘一九八八》。这台晚会构思巧妙，把美国总统竞选的形式搬到了晚会主持人的互相打擂上，很有意思，并获得当年的全国电视文艺星光奖和全国优秀"撰稿奖"，这台晚会也被老爸引为得意之作。

爸爸这些年因为常上电视，我说他都快成电视明星了。

开始是有一些访谈节目要他去做嘉宾，爸爸碍不过朋友情面，都是尽量去捧场。老爸好像天生就有面

第四章 品行高洁、德艺双馨的道德楷模

2008年，阎肃在中央电视台汶川地震赈灾晚会现场。

对镜头的能力，从不紧张，一味乐呵呵的，谈笑自若。这时老爸知识面广的优势也就显现出来了，什么领域都能谈上三五句，而且还都能说到"点"上，让观众看着不烦。老爷子偶尔在家里也会自我吹嘘一下，说像他这样五花八门，样样都知道的，并都能说得出"道道"来的，还真不多，靠的就是平常多读书、多看报，这点我还真是很佩服他。虽不敢说老爷子上通天文、下知地理的，但是世界上发生的大事小情，他还都能知道，你就是说出最新潮的一些港台小新星，他也居然耳熟能详。当然也有"马失前蹄"的时候。

在第九届中央电视台青年歌手大奖赛上，爸爸做

文艺界的旗帜和楷模：阎肃

文学素质评委。比赛间隙，彭丽媛和蒋大为都和爸爸开玩笑说："阎老师，您怎么老是给那些好看的女歌手打高分啊，对人家那些男歌手就尽是挑毛病。"

"哈哈。"爸爸笑了。比赛继续进行，正巧上来个男歌手，爸爸回头看看彭丽媛他们，故意对着那男歌手露出温暖的笑容。当时的题目是问："《水浒》一百零八条好汉中有哪三个？"那男歌手答说："宋江、晁盖、林冲。"爸爸这时正保持着微笑状，脑子里尽想着要对男生好呢，想都没想就表示："正确。"不想，不到两分钟，现场打进来好几百个热线电话，有小朋友说："阎爷爷，您错了，晁盖早死了。"哈哈，爸爸赶快纠正。

这男歌手下去后，又上来一个漂亮女孩儿，爸爸一看，心想，不能对她宽松啊。题目是："《清明上河图》是哪个朝代的？"这女生答："宋代。"不巧的是，这时屏幕上显示出的标准答案搞错了，写着明朝，爸爸又没多想，顺嘴就把漂亮女生否定了。于是又有几百个电话打进来："阎爷爷，您又错啦！"弄的爸爸又赶快更正。老爷子回家后说："人民的眼睛真是雪亮啊，小孩子们的眼睛更亮。"

老爸对电视台的工作还是很认真的,也不会因为事大事小而有所不同,只要是他答应的事情,就一定会本着对电视台、对观众负责的态度,认真准备。

结缘电视,策划电视晚会,阎肃投入了很多心血,也获得了成功。因为他的心里装着观众。就如阎宇曾经回忆的那样:"对于搞电视晚会,老爸一再说:'让老百姓喜欢看永远是最重要的。'"

阎肃策划的电视晚会中,也少不了他为普通的工人而创作的节目。1989 年,由阎肃策划撰稿的国庆晚会中,有个节目就是阎肃特意为工人兄弟而作的,这就是由北京首钢的工人合唱队坐在颐和园的石舫上演唱的《风雨同舟》:

当大浪扑来的时候,
脚下正摇摆个不休;
看险滩暗礁,看重重关口,
伙伴们,拉紧手,风雨同舟。
……
八百里狂风吹得衣衫儿抖,

文艺界的旗帜和楷模：阎肃

> 是热血男儿，正当显身手；
> 管什么两岸猿声阵阵愁，
> 放眼看，江山何处不风流。
> ……

当时电视里播放这个节目的时候，阎宇正好也坐在家里和爸爸一起看，他当时就问坐在身边的爸爸："你们这是坐的什么船啊？石船。那船永远不会前进啊。"

阎肃答道："但永远也不会沉没。"

阎宇没有再说什么，他当时只觉得爸爸回答时很冷静，而且像是早有准备。

是啊，就像永远为兵而作、为兵而歌一样，阎肃的心里也同样装着工人兄弟，同样为他们而歌，才会创作出"八百里狂风吹得衣衫儿抖，是热血男儿，正当显身手"那样充满豪迈激情的《风雨同舟》。

蜂酿百花蜜，香甜留人间

30 年来，多少台电视晚会，汇集了阎肃的智慧；多少台电视晚会，留下了阎肃的身影；多少台电视晚会，留下了阎肃的声音……

1999年年初，总政艺术局组织专家巡回全军各部队审查指导参加全军文艺会演的节目。阎肃对所有样式的剧目和节目，无论是歌曲、戏剧、小品、相声，还是杂技、魔术，都能谈出恰如其分的意见，都能出新点子、新招，让大家佩服得五体投地。

原二炮政治部文工团团长、作词家屈塬对阎肃推崇备至：

这不仅是水平，更是一种胸怀。阎老无论在什么场合，总能敞开怀抱，把他的经验和想法无偿提供给大家。阎老85岁的人了，没有一点儿老态龙钟的样子，才思一直不枯竭，越活越精彩、越活越达观、越活越睿智。

进入21世纪，阎肃担任过众多比赛和评奖活动的评委。作为评委，他是出了名的"只认作品不认人"。此外，他还告诫其他评委不要搞小圈子："评委就不该把圈子带进赛场，如果真要画圈子，你就画个大圈子，把所有的小圈子都画到自己的大圈子里，把

文艺界的旗帜和楷模：阎肃

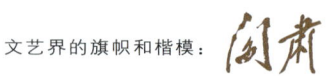

阎肃和蓝天娃 12 生肖在一起。

所有的选手都画进去，这才算本事。"

而阎肃参与策划最著名的电视晚会，则是每年除夕之夜令全国人民瞩目的中央电视台春节晚会。

1985年，阎肃开始参加策划1986年的央视春节晚会。也是从1986年开始，几乎每年的"春晚"，阎肃都是核心创意人员、评审专家。也从此每逢春节，当中华大地的各族人民与家人团聚在一起、共度新春佳节时，阎肃却在中央电视台的演播大厅度过除夕之夜，一直到大年初一的凌晨三四点才赶回家。

提起"春晚"，人们就会想起阎肃。当年曾与阎肃一起为"春晚"献策献力的中央电视台导演黄一鹤忘不了当年阎肃与"春晚"的一件感人之事：

第四章　品行高洁、德艺双馨的道德楷模

那一年，阎肃正在为央视"春晚"积极做筹备工作，这时，阎肃接到了家里打来的电话，告诉他说母亲病危。阎肃刚要买票回家，却又接到家里电话，告诉他母亲已经去世。

阎肃强忍悲痛，什么话都没说，也没有回家，只是把母亲辞世的难过心情静静地收起，全身心投入到工作中去，为千家万户送去欢乐和祝福。

对于阎肃自1986年开始就几乎没有与家人一起度过除夕之夜的情境，记忆最深的莫过于阎肃的家人了。这，阎宇也都写在了《我和我的阎肃爸爸》中：

到了1985年入冬时，中央电视台著名导演黄一鹤叔叔找到我爸，尊称爸爸为"老大哥"，开始策划1986年的春节联欢晚会。从那时起，爸爸一共搞了十五六次（至2005年）中央台春节联欢晚会，春节时加班也就成了家常便饭了。

自从开始搞电视晚会，尤其是春节晚会，爸爸在家的时间变得又少起来。特别是下半年，几乎总是住在不同的剧组，难得回家。我卖着服装，回家也少，

155

文艺界的旗帜和楷模：阎肃

和爸爸碰面聊天的机会就更少了。

年年岁岁，岁岁年年，从 1986 年至今，近 30 年的岁月，年年的"春晚"都留下了阎肃的足迹，一直到 2015 年 9 月，生病住院躺在病床上的阎肃，仍然对他尚未完成的"春晚"充满了挂念：

"今年春晚的活动我还没找呢，春晚的'魂'还没找到。北京台的应该怎么搞啊？一出院我就得琢磨……"

此时此刻，85 岁的阎肃，心里装着的，仍然是他为民为兵的艺术创作！

坐镇青年歌手大奖赛 30 年

与电视晚会和央视"春晚"同样点亮荧屏的，就是阎肃为中央电视台担任嘉宾主持及点评的青年歌手大奖赛。自中央电视台第一届青年歌手大奖赛开办至今，身为大奖赛的嘉宾主持，阎肃已坐镇 30 年。

30 个春秋，阎肃不知为青歌大奖赛出了多少个好点子，不知发出了多少令人折服的点评，不知付出了多少辛勤的汗水……

这也让曾经在青歌大奖赛中与阎肃多次合作的中央电视台著名主持人朱迅想起了共同工作的一幕幕……

朱迅说:"在中央电视台,提起阎肃老师,没有一个不竖起大拇指的。30年的'春晚',30年的青歌赛,阎肃老师出了30年的金点子,也点亮了瞬间……"

得知阎老病重住院了,朱迅立刻给阎宇打电话,向他询问阎老的病情。阎宇对她说:"老爷子清醒的时候还提到你,说你们爷儿俩对脾气,特亲,他说还拉着你在雨里跑呢。"

朱迅听了,不由心头一热,只觉得一股亲情,一股感动,更有一股崇敬,骤然在心中升起……

那是5年前,青年歌手大奖赛正在比赛的日子,作为那一届青年歌手大奖赛的嘉宾主持人、评委,阎肃每天都要到现场参加直播,每一次他都是精心准备,从不畏辛苦。

有一天,为了赶录像,朱迅与阎肃同乘一辆车赶往电视台。想不到半路上,老天突降暴雨。更不巧的是,他们乘坐的车还意外地坏了。这时,暴雨已经给路面带来了很深的积水。再一看,路上根本没有出租车。

眼看着已经来不及换车,时间不等人,就在朱迅心里着急不知如何是好时,只见阎肃把车门一推,一把拉起朱迅,就冲向了大雨中……

"当我们两个人被浇个精透,浑身湿漉漉地冲进演播室时,一直焦急等待的同事们都愣住了。可是阎老却指着我哈哈大笑。我不知道当时的我是什么样子,但我却看到了阎老的样子:被大雨淋透的一头白发,一缕一缕地贴在头上。我说不出一句话,只觉得那一缕缕贴在头上的白发,一脸一身的雨水,更为阎老增添了几许沧桑,一阵阵波澜在心中泛起……事后总也忘不了,那情、那景,实在是印象太深了!80岁的阎老,用这样淋漓尽致的方式,告诉我们年轻人,如何去坚守岗位,如何去尊重观众,谁是自己的衣食父母,哪里是自己扎根的地方……"

说到这里,激动的朱迅已是热泪盈眶……

与阎肃合作多年,朱迅更忘不了他为青歌赛场上那些来自中华大地最基层的青年歌手发出的赞美之声,为那带着泥土芬芳的最美声音抒发的喜爱之情。

那是 2010 年第 14 届的青歌赛，那一届青歌赛，阎肃和朱迅一起，连续在第二现场坐镇了 40 天。

朱迅回忆：

阎老特别偏爱原生态唱法，他说这是从地里长出来的声音，是千百年留传下来的民风、民情、民心，是历史真正的记录者和见证者。即使 100 年后，这样的声音还会流传在世上。而假大空的声音只会烟消云散。

在阎老和很多人的力推下，青歌赛终于设立了原生态唱法的专项评比。我现在还记得，当新疆的刀郎木卡姆、湖北的撒叶儿嗬、贵州的侗族大歌、云南的坡芽歌书在青歌赛唱响的时候，阎老高兴得跟孩子似的，手之、舞之，足之、蹈之。

他盛赞那些常年走在田间地头，俯下身去收集各民族最美声音的人才是真正的音乐家。阎老的赞美就像一把火，让平时很冷静的美声评委、很个性的评委都跟着起立鼓掌，拍着桌子叫好！在这样的叫好声里，我听到了阎老心中的"真"。

30年前，阎肃怀着为民为兵而作的革命激情走进青歌大奖赛、走进春晚、走进了大型文艺晚会。其实，阎肃为我们献出的，又何止是妙趣横生的《家庭百秒十问》等电视晚会，何止是令全国人民瞩目的"春晚"，何止是他坐镇30年的青歌赛？！

回顾阎肃与电视结缘的历程，我们就会看到：

他是大型文艺晚会《祖国颂》《回归颂》《长征颂》《小平您好》《为了正义与和平》《八一军旗红》《我们万众一心》《我爱你中国》等总体设计、策划、撰稿；他是多次总政双拥晚会、文化部春节晚会、公安部春节晚会等大型晚会的总体设计、策划、撰稿；他多次担任江西电视台"中国红歌会"等大型赛事的评委工作；他担任2008年北京奥运会音乐作品歌曲评委、2010年上海世博会会歌评委。

2011年7月，阎肃在庆祝建党90周年文艺晚会《我们的旗帜》中担任顾问，党和国家领导人出席观看；8月，在总政举办的音乐会《人民军队忠于党》中，他担任顾问；10月，担任金号奖"2011全国听众喜爱的歌手"颁奖晚会主持。2012年，他担任现代歌剧《守望长空》艺术顾问。

第四章 品行高洁、德艺双馨的道德楷模

2010年，阎肃在重庆大学和大学生艺术团的同学们在一起。

2013年9月，阎肃参加总政主办的《强军战歌演唱会》，担任艺术顾问，军委、总部及驻京大单位领导出席观看；在2013年军营大拜年中，他担任艺术总监（走进川藏线、新疆生产建设兵团、阿里、驻港部队、南海、森警部队、延安）。

2014年，担任央视春节联欢晚会艺术顾问的阎肃，又在2014年军营大拜年中担任艺术总监（走进装甲兵部队、喀喇昆仑山高原哨卡、墨脱、海军核潜艇部队、空军航空兵部队、常规导弹第一旅、驻澳门部队、特种兵部队、西柏坡）。

2015年，阎肃担任纪念中国人民抗日战争暨世界反法西斯战争胜利70周年文艺演出《胜利与和平》艺术顾问，担任2015年央视春节联欢晚会艺术顾问。

161

文艺界的旗帜和楷模：阎肃

11 年前，阎肃还无偿担任了《星光大道》《我要上春晚》《我家有明星》嘉宾评委……

这是阎肃结缘电视 30 年光辉的一页，这里有阎肃忠于祖国的一片红心，有他为党、为人民、为军队献出的一片真情！

阎肃却始终认为他没有做什么，他说自己只是一个党叫干啥就干啥的，一个平凡、普通的人。而正是他的"党叫干啥就干啥"，正是他的平凡、普通，让我们看到了一个品行高洁、德艺双馨的道德楷模。

"时代楷模"熠熠光辉

从一名爱好文艺的青年学生，到忠诚的部队文艺战士、德艺双馨的人民艺术家、令人崇敬的时代楷模，65 年的军旅艺术创作生涯中，阎肃以做党的文艺战线忠诚战士为人生目标，坚决捍卫党的文艺阵地，旗帜鲜明地与各种错误文化思潮作斗争，把对党的忠诚融入文艺创作中，让充满真善美的旋律响彻大江南北。

65 年军旅艺术创作生涯，阎肃始终保持着旺盛的创作激情，追赶着时代的脚步，用满腔热血为站在时代的琴弦上、为我们的祖国、为走向复兴的中华民族纵情歌唱，不仅创作了展现新中国几十年风云激荡、屹立东方时代风采的一系列"红色经典"，更记录了我人民军队不断发展壮大、走向强军兴军的铿锵步伐。

65年军旅艺术创作生涯，阎肃始终扎根军营、情系官兵，把自己全部的心血无私奉献部队，倾情回报官兵，做到了不为虚名所累、不为利益所缚、不为欲望所惑，以自己的思想道德修养，模范践行了社会主义核心价值观，成为文艺战线的道德楷模。

65年军旅艺术创作生涯，阎肃创作了《江姐》《党的女儿》《特区回旋曲》《忆娘》《胶东三菊》和《刘四姐》等歌剧；《红岩》《红色娘子军》《年年有余》《夜度》《敌后武工队》和《红灯照》等京剧；《长城长》《黄河黄》《军营男子汉》《军营春秋》《我爱祖国的蓝天》《故乡是北京》《前门情思大碗茶》《唱脸谱》《化蝶》《雾里看花》《敢问路在何方》《旗帜颂》《各族人民心向党》《蓝天行》《当兵前的那晚上》《全心全意》《蓝天军魂》《鹰击长空》《风花雪月》和《丹心拥朝晖》等登顶艺术高峰的歌曲歌词。

人民喜爱阎肃的作品，阎肃的作品更多次获得全国、全军各项大奖的"文华奖"、"五个一工程"奖、全国征歌奖、全军战士最喜爱歌曲奖等。其中：《江姐》《党的女儿》等均荣获文华大奖与文化编剧奖；《忆娘》《红灯照》获文化部大奖。

《东海明珠》在1995年"上海之歌"征歌活动中，荣获群众最喜爱的及专家评定的双一等奖；

《长城长》荣获总政颁发的"九十年代战士最喜爱的军旅歌曲特别奖"（全军共4首获奖）；

《黄河黄》获第八届文华奖；

《我就是天空》荣获总政颁发的第六届全军文艺汇演一等奖及中央电视台"全军军旅歌曲电视大奖赛"金奖；

《桂林是我家》荣获中宣部"五个一工程"奖；

《变脸》荣获中宣部"五个一工程"奖；

《雾里看花》荣获"九十年代观众最喜爱的电视歌曲奖"；

《万事如意》荣获1995年春节联欢晚会征歌一等奖；

第四章 品行高洁、德艺双馨的道德楷模

2004年7月，中央电视台第十一届青年歌手电视大奖赛现场，阎肃和空军参赛选手合影留念。

《连队里过大年》荣获2002年春节联欢晚会观众最喜爱作品一等奖；

《天职》荣获第二届军旅电视歌曲金奖。

65年军旅艺术创作生涯，也让阎肃荣获党和人民给予的多项奖励和荣誉：

1996年11月，荣获中国流行歌坛10年成就奖；

1997年3月，中央军委记二等功；

1999年10月，新中国成立50周年庆祝活动筹委会记三等功（另，1958年、1987年、1993年曾分别荣立三等功）；

1999年2月，获中央电视台为当年春节联欢晚

165

会总体设计颁发的荣誉证书；

2000年9月，获中国曲艺家协会颁发的50年发展繁荣突出贡献荣誉证书；

2001年7月，被评为"空军优秀共产党员"；

2002年3月，荣获北京市委、市政府颁发的"首都精神文明奖"荣誉称号；

2003年8月，被空军政治部表彰为"非典"防治工作先进个人；

2011年，获第十二届"中国戏剧奖终身成就奖"并被授予第八届"中国音乐金钟奖终身成就奖"。

在成就和荣誉面前，阎肃却总觉得自己得到的太多，回报的太少。他总是说："对党，要感恩一生一世，更要回报一生一世。回顾这一生走过的路、经过的事，我发自内心地感激党的关怀。如果没有党的思想引领，我这一生的命运就会重重地改写……"

2015年9月，重病中的阎肃，躺在空军总医院病床上与儿子阎宇的一段对话，更令无数人动容……

"爸，您有没有什么一直想干而没干的事呢？"

"没有。"

"那有没有什么遗憾呢？"

第四章　品行高洁、德艺双馨的道德楷模

2015年8月，阎肃担任《胜利与和平》晚会首席策划与首席顾问。已是85岁的阎肃激情似火，与年轻人一样连续奋战数月。

"没有。"

"怎么可能呢？一辈子都没有遗憾？"

"真没有，因为我从来就没有自己非要干什么，一直都是组织让干吗就努力把事干好。"

住进重病监护室之前，阎肃又特别对儿子强调说："不管我遇到什么情况，不准你们跟组织上提一点要求，我把这一生完全彻底地交给组织。组织上给予我的已经太多，我却回报的太少……"

这是一辈子跟党走，听从党召唤的阎肃发自内心的誓言，是一个对党对国家对民族对军队大忠大爱、大情大义的中国共产党人的铮铮之声！

阎肃以对党的无限忠诚，对艺术的执着追求，对民族复兴的历史担当，对人民军队无比热爱的赤诚之心，投身时代、勇立潮头。他以笔为枪，以墨为盾，为中华民族、为人民军队纵情放歌！

耄耋之年的阎肃，依然不忘爱党报国，胸怀中国心，勇筑中国梦。病重住院的前十天，他还在担任纪念中国人民抗日战争暨世界反法西斯战争胜利70周年大型文艺晚会《胜利与和平》的首席策划和首席顾问。他激情满怀、不辞辛苦地与演职人员一起历时近6个月、数十次修改彩排，最终为全世界观众呈现了一台主题鲜明、气势恢宏的文艺晚会。

《我爱祖国的蓝天》依然在传唱，《军营男子汉》的歌声依然嘹亮，唱不尽的《红梅赞》演不尽的《江姐》，汇集了为党为祖国，为民为兵，为时代而歌的光芒！

阎肃用生命铸就了雄浑激荡的主旋律，用毕生的心血，书写了一个道德模范、时代楷模熠熠光辉的人生！

向红心向党、追梦筑梦、德艺双馨的艺术家与时代楷模阎肃学习、致敬！

尾　声　　　　　　　　　　　只愿香甜满人间

春蚕到死丝不断,留赠他人御风寒。

——闲斋

发病住院，牵动万人心

2015年9月14日，刚刚为纪念中国人民抗日战争暨世界反法西斯战争胜利70周年大型文艺晚会《胜利与和平》创作演出任务忙碌完的阎肃，突然感觉腿有些发麻，他立即来到空军总医院进行检查。没想到，当天晚上他就被医生留在了医院。

9月29日，住进医院仅半个月的阎肃突然病情加重，遂转入重度昏迷。经过医生全力抢救，终于各项身体指征平稳，转成中度昏迷。

此时，他担任首席策划和首席顾问的《胜利与和平》晚会刚刚过去10天，晚会上那动人心弦的民族战场仿佛依然在眼前，那威武雄壮的抗日歌声仿佛依然在耳畔回响……

2016年央视春晚创意组主要成员的位子还在等着他；一部反映空军的歌剧《守望长空》还有几处需要商榷的地方没有定下来；他帮着一个新人没有修改完的作品还摆在那张小书桌上，可是阎肃却躺下了，像睡着了一样平静地躺下了……

阎肃患病住院之后立刻引起了党和国家各级领导

及广大人民群众的关注。几个月来，中央领导同志和军委首长都十分关心阎肃的病情，中宣部、文化部、中央军委整治工作部的领导先后到医院看望；空军党委、首长和政治部领导对阎肃的病情高度重视，专门对医疗救治做出部署，空军总医院全力以赴做好救治工作；阎肃的战友、朋友、徒弟，来自社会各界的人士，纷纷赶到医院……

几个月中，阎肃的儿子阎宇不定时地在自己的微博中发布父亲阎肃的病情：

2015年11月：

老爷子近期恢复得不错，脖子已能微微转动，有时能睁开眼睛，腿脚动作也更明显，脑梗在慢慢恢复中。

2016年2月7日，除夕：

安心平稳过除夕，风花雪月又一年。除夕了，老爸身体各项指标稳定，代老爷子感谢大家的关爱、陪伴，恭祝所有关心支持阎老的朋友们除夕快乐，丙申猴年吉祥如意。

86岁人生铸就中国梦

人们的祝愿和企盼仍然没能留住阎老在人间的脚步。

2016年2月12日凌晨3时07分,一代德艺双馨的军旅艺术家,红心向党、追梦筑梦的忠诚的共产主义战士阎肃,走完了他86岁的人生。

早上7时49分,阎宇在微博上发布了父亲阎肃去世的消息:

不得不在春节假期向各方报告,如按阎老的习惯是不愿在这特殊时间打扰大家的,真的很抱歉!我父亲阎肃,于今晨,2016年2月12日晨平静地离开了人世。很平静,没有任何痛苦,就像睡着了一样。老爸可能觉得已经完成了自己的使命,所以就这么离开了。我们无力改变命运。再次为打扰大家深深抱歉!

86岁的阎肃走了,带着他的笑声、他的幽默走了。却把他为信仰而创作的歌,为强军而创作的歌,为时代而创作的歌永远留在了中华大地。一个人的生

文艺界的旗帜和楷模：阎肃

命是有限的，而一个人的精神是无限的，阎肃虽然走了，但是他的生命早已和他创作的红色经典作品一起，融入到祖国和人民的怀抱中，融入到人民子弟兵的血液中，融入到社会主义伟大时代的奔腾洪流中……

阎肃在他86载人生的岁月中，始终从事着人类最美好、最年轻的艺术创作事业，他以心为镜、以身为范，追梦筑梦，在巍巍的中华民族艺坛竖起了一面高高飘扬的旗帜。

他热爱军队、热爱军装，更无愧于中国军人的光荣称号。军旅生涯65载，他始终冲锋在祖国社会主义建设主旋律文化第一线，把爱人民军队的一腔热血尽情挥洒，谱写出一曲曲铁骨铮铮的强军战歌。

从满怀爱国激情的进步青年到白发苍苍的部队老兵，他更是一名优秀的共产党员。他始终不忘初心，爱党报国；他以共产主义信念为针，以共产党员的激情为线，耗尽了86个人生的春秋，为中华儿女编织出一面永不褪色的红旗……

红心向党，誓言留人间

阎肃走了，但他把"坚决听党的话，跟党走"的铮铮誓言永远留给了我们：

我们一定要始终坚持"为党""姓军""为兵服务、为战斗力服务"的方向不动摇，始终把社会效益、军事效益放在首位，把捍卫党对军队的绝对领导作为最高使命，把培育当代革命军人核心价值观作为根本任务，把灌输科学理论、坚定理想信念、纯洁思想道德作为第一导向，带头唱响共产党好、社会主义好、改革开放好、伟大祖国好、各族人民好、人民军队好，使体现党和人民意志、凝结革命传统精神、反映时代进步先声的红色经典，成为军营文化的主旋律、官兵精神生活的最强音……

对党我满怀"跪乳之恩、反哺之爱"。回顾这一生走过的路、经过的事，我发自内心地感激党的关怀。如果没有党的思想指引，一个从旧社会历经坎坷走过来的人，就会迷失在人生的十字路口，我这一生的命运就会重重地改写；如果没有党的培养，我一个

文艺界的旗帜和楷模：阎肃

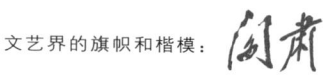

才薄学浅的青年学生，就不可能成为党的一名光荣的文艺战士；如果没有党的关怀，一个老文艺工作者"浑身都是铁，能打几颗钉"，我就更不可能获得这么高的待遇、这么多的荣誉。对党，我要感恩一世，更要回报一生。

阎肃用他的铮铮誓言，为我们竖起了党的文艺战线的一面旗帜，也向党献出了他的一片丹心、一腔热血、一身正气。他的一生，始终规范践行党的文艺路线，带头弘扬践行社会主义核心价值观，面对各种考验诱惑不动摇，敢于同丑恶现象和不良风气作斗争，以高尚的人格修为和卓越的专业素养，为历史存正气、为世人弘美德、为自身留清名，更是我们党的文艺工作者和人民军队文艺战士的光辉榜样。

党和人民怀念阎肃，更给了忠诚的共产主义战士阎肃极高的评价。

中共中央政治局常委、中央书记处书记刘云山说：

文艺工作者要深入贯彻学习习近平总书记在文艺工作座谈会上的重要讲话精神，学习阎肃同志的先进事迹和崇高精神，坚定信仰、植根生活、崇德修身，走好正确的人生之路、艺术之路，做无愧于党和人民的文艺工作者。

文化部副部长董伟表示：

"我为人民鼓与呼"，这是阎老崇高的价值取向，他对主旋律把握得非常好，很准确，他是空军的财富，也是国家的财富。他写的歌颂党、歌颂祖国、歌颂军队的作品，非常具有影响力。可以说他是我们党和国家以及人民军队思想文化领域忠诚而坚强的文艺战士。他对推动社会主义文化大发展大繁荣作出了突出贡献。

阎肃所在空军部队，是这样评价的：

阎肃倾心基层官兵，为战斗力服务是阎肃奋斗一生的价值追求。他最爱穿的是军装，他最爱去的是军营，最爱写的是军歌。通过一部部作品，他把满腔的爱倾情回报部队，把全部的才华无私奉献给官兵，每一首军歌都成为激励官兵的"冲锋号"。

文艺界的旗帜和楷模：阎肃

从军从艺 60 多年来，阎肃始终坚定爱党报国信念，牢记以人民为中心的工作导向，把弘扬时代主旋律作为崇高使命，把真诚为民为兵服务作为价值追求，坚持为信仰而歌、为时代放歌、为强军高歌，先后创作《江姐》《党的女儿》等一大批脍炙人口的红色经典，参与策划《祖国颂》《回归颂》《长征颂》《复兴之路》等 100 多场影响深远的重大文艺活动，为发展繁荣社会主义文艺事业作出了重要贡献。

中国音乐家协会副主席、著名作曲家徐沛东说：

他上世纪五六十年代就已成名，然而每个时代都留有他的代表作，这是很难得的。阎肃能够紧跟时代，深入大众，捕捉人民的心声，是每个艺术家都要去学习的楷模。

中央电视台著名导演、中国电视艺术"终生成就奖"获得者邓在军说：

阎肃老师是一位爱党爱国、爱人民的优秀作家。阎老的歌，寓意很深邃，他的思想都处处体现了对国家、对人民的爱,《绣红旗》和《红梅赞》都是非常好的歌。时代楷模,他当之无愧。在这个时代,他配得上这个称号,他的作品不仅歌颂了祖国,歌颂了党,还鼓舞了我们这一代人,所以他是当之无愧的!

德艺双馨,后人永铭记

阎肃走了,留给我们的是无尽的哀悼与怀念。人们忘不了他对同事、对年轻一辈的关怀与培养,更敬佩他德艺双馨的高洁品行。

第五代江姐扮演者、青年歌唱家王莉回忆:

我和阎老算是忘年交吧!2000年上大学的时候,我就认识了阎老。他是看着我成长的。他给了我很多帮助。他的离开,我们都很难过。他是我们文艺工作者的一面旗帜,也是我们学习的榜样和人生的坐标。他的一言一行都在感染着我们这些晚辈。

他在《江姐》里把李商隐的"春蚕到死丝方尽,蜡炬成灰泪始干"这两句改成"春蚕到死丝不断,留

文艺界的旗帜和楷模：阎肃

一部歌剧《江姐》影响了几代人。

赠他人御风寒"。我觉得他就是这样一个人，他在生命的最后一刻还在工作着，而且他是一个不给别人添麻烦的人……

阎老永远都不会落伍，紧跟时代的潮流和步伐。比如阎老希望我演的江姐有创新，他知道我是学美声唱法的，希望我演的江姐保持美声唱法的发声方法，加上民族曲式，还可以加上80后对流行唱法的把握和运用，这样非常适合当代观众的审美。在他的鼓励下，才有了我这一版美声唱法的江姐的诞生，才有第五代江姐8年来100多场演出这样非常受欢迎的结果。

曾经让阎肃十分欣赏并大力支持的著名演唱组合

"八只眼"回忆：

1991年，我们在首都体育馆演出，阎老看完我们表演之后，一边吃饭一边兴奋地向别人眉飞色舞、手舞足蹈地推荐，结果还把手中的一碗馄饨掉到了地上。他为此还作诗一首："首都体育馆，陶醉八只眼。飞奔自行车，砸烂一个碗。"

去年我们参加《我家有明星》节目，阎老也在电视节目上大力支持和鼓励我们，并且答应做我们专场演唱会的艺术指导。他对我们真的是恩重如山啊！

与阎肃曾在河北电视台《中国好家风》栏目中合作演出的青年演员李林更是深切怀念阎肃，忘不了阎爷爷对他的教诲与培养：

爷爷，您慢慢地走，天堂里总会有您的笑声！2015年我有幸与您合作了半年多，得到的教诲、学到的东西我铭记终身！愿您一路走好！

在青年歌唱家刘和刚的心目中，阎肃不仅性格爽

文艺界的旗帜和楷模：阎肃

刘和刚演唱《人民空军忠于党》

朗、和蔼可亲，也十分关心年轻人的成长：

在我的成长过程当中，阎老给了我很多帮助。在我2002年比赛的过程中，我因为综合知识与冠军擦肩而过，得了第二名。当时领导和老爷子说，刘和刚以后的文化知识就交给阎老了。从那以后，老爷子就让我读书读报。老爷子说，读报纸是因为报纸上面可以看到更多内容，涉猎的方面也比较全面。然后就是读书，找自己有兴趣的书读。只要书读多了，见识自然也就多了。

中央电视台著名主持人朱军对阎肃的回忆，更是充满了敬佩之情：

  我从小就听他的歌，从小就看他的歌剧，那时我只能远远地看他，但似乎没有生疏的过程。长大后就觉得他是一个让我们仰视的人物。真的能近距离和他在一起，好像有机会在一起工作的时候，就已经是一个非常熟悉的人了……

  其实从心里来讲，我挺遗憾的：这么多年了，当空政建团纪念的时候，他来了；某一个剧获奖的时候他来了，但他本人的艺术人生一直也没有来。《艺术人生》不知有多少次邀请他，都被他婉言谢绝了。他总是说，我不够格，你们去关注更好的人，更有影响的人。所以一拖再拖，《艺术人生》办了15年，也邀请了他15年……他的作品、人品都让我们温暖……

  我主持春晚19年，主持人总是进入最晚的环节，大量的节目从筛选、改编、加工、提高、磨合……阎老就是这个大脑的核心人物。每次座谈会，阎老就要一杯热水，他一坐那儿，我们就踏实了。他是我们心中的定海神针……

中央电视台著名导演黄一鹤回忆：

1985年的春节晚会场地问题没有搞好，1986年的春晚，我请来了阎肃。他向来充满智慧，爱憎分明、才华横溢。他为我出了很多点子，他出的点子都是政治上可靠、艺术上可行，第一个点子就是歌曲大联唱。有不同的演员和名演员，当时的效果非常强烈。这是晚会的第一次歌曲大联唱，从这一年起，才开始了大联唱……

1986年的春晚获得了成功。阎肃用他的智慧又帮了我一把，帮我扬眉吐气，打了一个翻身仗，他还为那一年的春晚创作了一个小品《送礼》，那是春晚的第一部反腐题材小品……

奋斗不息，唱响主旋律

阎肃走了，人们在哀悼和怀念他的同时，更忘不了他一生拥抱大时代、唱响主旋律、奋斗不息、一直战斗到生命最后时刻的时代先锋的光辉形象。纪念中国人民抗日战争暨世界反法西斯战争胜利70周年大型文艺晚会《胜利与和平》总导演陈维亚回忆：

9月3号《胜利与和平》晚会开始前，阎老提前3个小时就到了现场，他穿着军装，兴奋得满脸通红，像个孩子一样……为了这台晚会，我们在一起奋战了6个多月。那天的晚会规模很大，是第一次面向全球，汇集了30多个国家和地区的首脑在人民大会堂。

阎老认为，这台晚会应该抛弃传统的晚会形式，应该是情境式，人物性格外化式的，不应是音乐舞蹈的语汇……每次排练，他总是坐在前3排……

《胜利与和平》晚会总策划朱海说：

这台晚会是第一次将正面战场与敌后抗日武装同时表现出来，所以阎老反复斟酌，他说这一次只要把这一点突破，将国共两党同时出现在舞台，就完成了多少年中华民族的抗日理念……这个创作坚持用微观细腻的，看似像闪闪星火一样，但这种创作很精准地切入了时代脉搏……

文艺界的旗帜和楷模：阎肃

原总政歌舞团团长、著名作曲家印青说：

阎老对我说，岁数大了，工作的机会一次比一次少了，所以应更加珍惜这一次的机会。真是不可或缺，我参加过的不管是军队还是国家的大型晚会，没有一次是阎老不在的。他的修养、阅历以及他作为一个老军人、老党员对国家、对民族、对党、对军队、对人民的忠诚，同时他又不脱离时代，我常常被他的精神和他的这种使命感、责任感感动。

著名表演艺术家六小龄童说：

他的去世是我国艺坛的巨大损失。阎肃先生的一生活出了精彩与辉煌，留下了1000多部（首）有筋骨、有道德、有温暖的文艺精品佳作，必将载入史册，鼓舞了一代又一代中国人，愿阎肃先生一路走好，在天堂再出新作！

著名演员、剧作家王景愚说：

阎公是一名越战越勇的老兵,他有泰山压顶不弯腰的精神,是特别坚强的优秀战士。或许真的应了一句话:共产党员是特殊材料制成。

著名青年歌手蔡国庆说:

从他的作品中,我感受到他对国家的爱,对百姓的情,阎肃老爷子是一位了不起的艺术家,是中国文化艺术界的骄傲。那些经典作品永远留在百姓心中,留在老中青艺术家们的心中。

著名歌唱家蒋大为感受最深的是阎肃创作的《敢问路在何方》:

记得当我录完音给杨洁老师看了以后,当时她的眼泪就下来了,说这就是给我们每一个人写的,像量身定做的一样……

其实《西游记》的故事我们从小看小人书就知道这个故事,没想到阎老师的这段歌词写得这么深,谁唱了都会产生共鸣。当时中国企业家协会开会时就曾

文艺界的旗帜和楷模：阎肃

要求企业家们必须唱3首歌，就是国际歌、国歌，以及《敢问路在何方》。

这首歌不知鼓舞了多少人，一个企业家就曾对我说，蒋老师，我就是听着这首歌走过来的。在与阎老师多次交流后，我发现这首歌表面是写师徒四人去西天取经，实际上写尽了人生，阎老师把它上升到了人生哲理的高度。阎肃老师是在用对生命的感悟来写这首歌，我也要用对生命的理解来唱这首歌。

一生爱兵，谱写强军歌

阎肃走了，也把他怀着无限的挚爱之情为人民军队创作的无数鼓舞军心、壮军威的强军之歌，永远留给了无限怀念他的人民子弟兵。

在2014年10月15日召开的全国文艺工作座谈会上，阎肃慷慨激昂的发言给人留下了深刻印象，尤其是那段被誉为"蕴含着阎肃一生对党文艺方针的深刻领悟，凝结着他对军旅生涯的深厚情感"的话语更是让人难忘："我们也有风花雪月，但那风是'铁马秋风'、花是'战地黄花'、雪是'楼船夜雪'、月是'边关冷月'。就是这种肝胆、这种魂魄教会我跟着走、往前行，我愿意为兵服务一辈子！"

听过阎肃的发言后，习近平幽默地说：

"我赞同阎肃同志的'风花雪月'。"

全会场响起会心的笑声。习近平接着说：

"这是强军的'风花雪月'，我们的军旅文艺工作者，应该主要围绕强军目标做自己该做的事情，我特别赞同。"

作为一名军旅艺术创作家，阎肃始终和军队有着深厚的感情，他最爱穿的是军装，最爱去的是军营。而写军歌、唱军歌也就成为阎肃坚守一生的艺术制高点。几十年来，在阎肃下基层的连队里，不知多少次响起他与战士们共同唱的壮军威、鼓舞铁血男儿的强军之歌。

2013年国庆前夕，总政举办的"强军战歌"演唱会上，阎肃和作曲家印青共同为军队战士创作完成的歌曲《当兵前的那晚上》更是点亮了整个会场："参军入伍把兵当，当兵为打仗。打仗就要打胜仗，打胜才荣光。过硬本领靠苦练，越练人越强。莫要害怕苦和累，烘炉出好钢……"

文艺界的旗帜和楷模：阎肃

战友们为阎肃祝贺85岁生日。

阎肃以一个新战士入伍前父亲对儿子的叮咛寄语，创作出这首充满朝气、具有战斗气息的军旅歌曲，不知召唤了多少年轻人从军报国，不知鼓舞了多少年轻人励志向上、投身军营报效祖国。

是啊，战士们怎能忘记，一年又一年，有多少年轻人唱着《我爱祖国的蓝天》成长，多少青年唱着《长城长》参军，多少战士唱着《军营男子汉》度过连队的岁月，唱着《连队里过大年》迎送着一年年的冬夏春秋，唱着《打赢歌》度过训练场和演习场上流血流汗的时光……

曾演唱过阎肃很多作品的著名军旅歌唱家佟铁鑫说："我唱他的歌总是热血沸腾的，真要评价他，有的时候用语言是表达不出来的。只要有他的音乐，唱他的歌的时候，肃然起敬，会升华。"

著名军旅作家周振天说："阎老真的是用文艺作品来鼓舞士气，让我们的基层官兵感到当兵光荣，感到当兵有一种自豪感。"

一年又一年，阎肃用他的笔，写出了机务兵、导弹兵、雷达兵、空降兵……几乎写遍了空军的各个兵种。每首歌里都闪烁着兵的独特光彩，每首歌里都蕴含着阎肃对兵的厚重情怀。这一切，皆源自阎肃对部队无限热爱的真情，源自他以"为部队服务、为官兵服务"方向的一贯坚持。就如他曾在2012年对自己提出"必须扎根军营、服务官兵"所说的那样：

我是在部队长大的。从穿上军装的那一天起，我就深深地爱上了部队。我发自内心地感谢部队、感谢空军。有人说："阎肃是一个奇迹！"我说，生活在如此重视文化建设的空军部队，我才能够创造奇迹！

我现在还常常想起当年刘亚楼司令员和各级领导

帮我改歌词的情景。2010年在我过80岁生日时，一位首长给我做了副对联："生祗三日艺坛勤修壮心不已佳词妙句比梅兰香留华夏，岁巳八旬军旅躬耕豪情依旧好戏奇文效松竹情洒神州。"首长的亲切关怀对我是莫大的鼓励。

回顾我参加革命这59年，部队给予我的太多太多，我付出的太少太少，一想到这些，我就心生愧疚，心存感激！

为部队服务、为官兵服务，这是军队文艺坚持"二为"方向的内在要求，也是军队文艺工作职责所系、价值所在。我们一定要把人民满意、官兵满意作为最高标准，把服务部队、服务官兵作为基点和归宿，把艺术才干的增长、艺术表现力的增强深深植根于基层、植根于官兵，从部队火热生活中汲取营养，挖掘素材、提炼主题，以出色的艺术劳动力为部队奉献更多更好的精神食粮，真正做到文艺工作重心向下、文化成果惠及官兵，在服务部队、服务官兵中提升艺术水平、实现人生价值。

现在，我已经是一名老兵了。军装一穿59年，"廉颇老矣，壮心犹在"。只要我还有一口气，就要拼命为部队服好务，来回报我的部队。

亲人怀念，真挚情更深

阎肃走了，更留给了他的亲人们无比的哀痛和深深的怀念。他的儿子阎宇回忆：

这么多年，爸爸没教过我什么大道理，但一直在示范着一件事：与人为善，尊重身边的每一个人。年轻时候我挺不理解，您这样累不累啊。随着我自己年龄增大，才慢慢感觉到，他这是从心里尊重每个人，拿他的话说，在尊重别人的同时也得到了别人的尊重，为自己赢得了一个好心情，何乐而不为呢……

爸爸常和我们说："是时代造就了我，我忠于这个时代，忠于我们的党和军队，舍此我就没有安身立命之地了。"我知道他这是心里话……

爸爸住院第三天召开中国人民抗日战争暨世界反法西斯战争胜利70周年纪念活动总结大会，爸爸接到通知后希望能够参加，但医院考虑到他的身体状况，没有允许。从来不求人的爸爸，竟然给我发了这样一条短信："明天下午人民大会堂习主席接见并合影、十分珍惜，希望你能找医院说说，人一生有这一次轰轰烈烈足矣！支持我一把！"

但最终这个愿望没有被满足。爸爸虽然很遗憾，但也没有强求，乐呵呵地在病房看直播，边看边指着电视画面说："我要是去，准在这个位置！我和三代领导人合影都站在同一个位置……"

爸爸病重的时候，就那么安静地躺着，一开始我真不适应。慢慢地呢，我觉得他能这么休息一段时间也挺好的，能让我有机会好好照顾他，也真是挺难得的。我录了一个他平时最爱听的歌带，时不时给他放上一段，有《红梅赞》《敢问路在何方》《我爱祖国的蓝天》等他自己的代表作。

我也难得有机会这样陪着爸爸静静地品味，在这样的情境下听这些歌，更感觉到那是心灵与历史、胸襟与大地的对话。这种对话的背后是老一代艺术工作者对国家和民族最真挚的爱，这种博大的家国情怀在他们那一代人身上真是深入骨髓……

与阎肃共同走过半个多世纪的夫人李文辉说：

尾 声 只愿香甜满人间

2015年5月9日,是阎肃85岁生日。空政文工团团长张天宇(左一)和政委李洲(右一)为阎肃夫妇送祝福。背景的小园子是阎肃夫人李文辉的"作品"。生前,阎肃常在此散步。

　　我们携手走过青年,走过中年,走进了白发苍苍,走来了步履蹒跚。多想,再拉着你的手,看那茂密的山楂树花满枝头。时间过得太快,转眼间孩子们大了,我们都老了。这一辈子,你总是很忙,我总是很累。我最简单的奢望,就是你能好好陪我聊天……

　　老伴,你就从来没有想过退休的事!60了,你没退;70了你还忙;85了,你还穿着这身军装!你说,这一辈子什么都可以舍,只有这身军装不能舍。我记得很清楚,当初京剧团借调你来写京剧样板戏,还给了我们四居室的大房子。可咱俩都觉得部队是家,有咱们的根,一定要回归部队。回去只能在定慧寺住两间小平房,夏天漏雨,冬天烧煤炉子,可我们从未

195

后悔。

你最喜欢看武侠小说。尽管你从来没说过,你心中的武侠梦是不是也如侠之大者一般除恶扬善、黑白分明、快意恩仇。但我知道,你就是我心中的英雄,平和敦厚,重情有义,在大是大非和原则面前,决不退让……

灯光下,你伏案苦读的身影,总让我想起负重前行的骆驼,都80多岁的人了,你常常是一杯茶、一支烟、一本书看一天。国家和部队有什么活动,你还是随叫随到。工作的时候,从来不喊累、不怕苦。可我知道,你实在是太累了,真的该歇歇了……

是啊,阎老,您实在是太累了,真的该歇歇了。祝愿您一路走好!真希望,天堂里依然有您的笑声;天堂里,您依然在挥毫创作……

泪别阎肃,芳名留千古

2016年2月18日,阎肃的亲属、生前好友、家乡代表,以及来自各地的人民解放军官兵、社会各界

尾　声　只愿香甜满人间

喜爱阎肃作品的数千余名群众自发来到北京八宝山革命公墓，送别时代楷模阎肃，向一代军旅艺术家阎肃做最后的人间告别。

八宝山一号院大礼堂庄严肃穆，哀乐低回。礼堂门口上方悬挂着横幅：

"沉痛悼念阎肃同志"。

门的两边悬挂着挽联：

"文坛泰斗满腹经纶巨笔生花花鲜秀中华"，

"时代楷模一腔赤诚大德流芳芳馨沁人间"。

大礼堂内，正上方挂着阎肃穿着军装侧身微笑的大照片，那也是他生前最喜欢的照片。鲜花簇拥中，阎肃面容平静安详，一面鲜红的党旗覆盖在他的身上，一顶军帽庄严地摆放在他的身边，依然是那个生前爱党爱祖国、爱兵爱人民的阎肃，不由令人肃然起敬……

礼堂中摆放着习近平、李克强、张德江、俞正声、刘云山、王岐山、张高丽等中央领导人敬献的花圈，还有中央各部门、各界人士以及阎肃亲属敬献的花圈。

阎肃的儿子阎宇说："老爷子挺过了'破五'！1月

20日医院就下了病危通知书,肾衰竭,医院方面表示最多也就是坚持三五天……"

阎宇向记者回忆了阎老生命最后阶段的情况:

大家都很紧张,但我很有信心,我跟大家说,父亲一辈子不给大家添麻烦,虽然昏迷,但他骨子里的这个特性没变,临了也不愿给别人添乱,所以一定不会在大过节的当口出危险,因为这不只是家人的事,也是组织上的事。那个危险老爷子挺过去了,再接下来的一关就是年初五"破五"这天,要是能等到上班就更好了……

初四晚7点,父亲的血压就已经降到了低压30、高压60左右,当时空政文工团的领导、同事和我们家人都守在病房,医院觉得也是两三个小时之内的事了,都没想到老爷子竟然挺过了12点,到两点五十几分才断压,血压下降的过程中老爷子也没有什么痛苦……

阎肃的夫人李文辉说:

"虽然有心理准备,但是真到了这一天,还是不能接受，大家觉得老爷子真仁义，让大家过了个年。"

瑟瑟寒风，挡不住人们告别阎肃的依依深情。天刚蒙蒙亮，就有群众从四面八方来到了八宝山公墓，在寒冷的晨风中静静地等候在殡仪馆大门外。不到8点钟，前来吊唁的人群顺着殡仪馆外的长廊已蜿蜒几百米……

人群中，一对老夫妇不到6点就赶来了。他们一直安静地等候在大铁门外，脸都冻红了，依然在默默地等候。他们是在参加广西电视台的一档节目录制中见到阎肃的，还跟他合过影，短短的一次接触给老两口留下了深刻的印象。听到阎老去世的消息后，老两口特别难受，就像自己的亲人离开一样。他们深情地说："阎老特别平易近人，如果走在大街上，就跟普通老百姓一样，其实他特别有才，这一点，不是所有名人都能做到的。我们好想他……"

人群中，有人举着写有"阎肃老师我们想您"的牌子，让人看了，为之动容。还有两个人，一直手举着他们亲笔写的挽联，引起了很多在场群众的共鸣。其中一幅字是这样写的：

"人间终究留不住，天堂笑迎不老松。"

落款是"北大荒知青"。这位北大荒老知青名叫生连起,他告诉中国青年网记者,自己一早便从家中出发,来到八宝山为阎老送行。"我从年轻时开始就喜欢听阎老的歌,尤其是《红梅赞》和《敢问路在何方》。在舞台上,阎老一直乐呵呵的。阎老一生一片丹心,一腔热血。但他已经86岁高龄了,真的是太累了。希望阎老一路走好。"生连起说起这些话,声音几度哽咽。

前来送阎肃最后一程的市民中,还有一位成都人,代表亿万红歌粉丝,特意将《法制晚报》此前报道阎肃病逝的剪报整理成展板,在人群中特别显眼。他说:"我一直爱好文艺,此前模仿笑林老师,我特别喜欢阎肃先生,特意前来送他最后一程。"

人群中,还有两个人是从井冈山过来的,他们说:"我们以前也不认识阎肃老师,只是特地赶来为他送别。"

没有高声喧哗,没有拥挤推搡,表情凝重的人们都在默默等待,只等着和他们崇敬的阎老见最后一面……

礼堂内,阎肃的亲人哽咽着,颤抖着双手与前来吊唁的人一一握手致谢。阎肃的夫人在亲属的搀扶下，站立在侧，神情悲痛。前来悼念的民众站满灵堂，现场气氛庄严肃穆。在《红梅赞》的激昂乐曲声中，吊唁的人们排队缓步进入吊唁厅与阎肃告别，他们用深深的鞠躬，送别阎肃走好人间的最后一程。

人们脸色凝重，沉痛哀悼，更有人因悲伤过度而哽咽痛哭。一位银发老人伫立在阎肃遗体前，久久不肯离去，低语着"我来看你了"。

中央电视台著名主持人朱军、著名导演张继刚来向阎肃告别了；相声大师常宝华、歌手阿斯根来了；中央电视台原主持人陈铎，歌唱家王洁实，李双江、梦鸽夫妇来了；朱迅、田华、濮存昕、李丹阳来了……他们胸戴白色小花，默默地和阎肃做最后的道别，向阎肃的亲人慰问。

前来为阎肃送行的朱军说：

认识阎老20多年了，他的严于律己、宽以待人的作风值得我们每一个人学习。他在艺术上所达到的高度，是我们要仰望的；他做人的那份低调，却要让我们俯下身来，这一仰一俯之间，就是阎老人生的宽度。这样的老人是值得我们永远怀念的。

在告别仪式上，我看到阎老是那样的安详，似乎在他的嘴角上还能看到一丝笑容。他参加过许多央视的节目，包括《艺术人生》的策划等。他很在意别人的感受，当他有意见要表达时，决不会让人下不了台，他会用他的方式化解意见的尖锐，他是值得信赖的长者，也是一位智者。

导演张继刚说：

我觉得阎老具有家国情怀，拥有非常蓬勃的生命，他的一生都在歌唱祖国，是我们的榜样。我们在一起做过大型音乐舞蹈史诗等许多节目，我在他身上学了很多。

我两个月前到医院看望他时，他已经昏迷不醒。他静静地躺在床上，让人想起泰戈尔的两句诗：让生者如夏花之灿烂，愿逝者如秋叶之静美。

相声大师常宝华说：

我和阎肃老师认识60多年了，他的为人和作品，不愧为大师大家。他写什么都要生活，这一点年轻人都要向他学习。我们20多岁时接触得很多，我还请他写过歌词，至今我还欠着他的账。

歌手阿斯根说：

阎老对我们这些年轻人，特别是我这样一名少数民族歌手，给予了巨大的帮助和支持，从来都是无私地帮助我们。他主动把自己的一首作品《心香》送给我演唱。他叮嘱我说，你们少数民族的歌手赶上了好时代，一定要多唱歌颂民族团结的歌。

能有这样一位老前辈做我们的榜样，是我们前世修来的福，我们一定要把他的精神传承下去。能得到他的帮助，是我们年轻人最大的幸运。

歌唱家李丹阳说：

接到这个消息时，我真是不敢相信。从阎肃老师生病开始，我们大家就一直很揪心。这些年，我和阎

文艺界的旗帜和楷模：阎肃

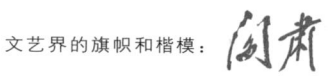

2015年9月3日《胜利与和平》晚会剧照。

肃老师结下了不解之缘。10年前，我唱了他一首《亲亲茉莉花》，那首歌一直伴随我的成长，所以我对阎肃老师一直有深深的感情。我记得我刚到北京发展时，在春晚的录制现场，他还用方言和我开玩笑。他是一个非常豁达、敬业、一丝不苟的长者。阎老就像他的歌声一样永远留在我们心里。

歌唱家刘和刚说：

12日他走的当晚我一直和他的儿子、团长、政委陪在他的身边，凌晨1点才回家，结果3点多他就走了，我特别难过，早知道再陪他两个小时就好了……

尾　声　只愿香甜满人间

这几个月我去过几次医院，每次去的时候，老爷子都很安详，有时候喊他的名字，他会动动嘴。我们一起站在重症监护室门口，给他唱《我爱祖国的蓝天》，他会努力地睁睁眼睛。每次见到老爷子有反应的时候，我们都特别兴奋。发自内心的感觉老爷子能挺过来，能活到100岁，但是最终他还是走了，祝老爷子一路走好。

陈铎在接受采访时说："阎肃老师的作品和为人都会留在我们心里。文艺工作者都应该向他学习。"

男高音歌唱家胡松华、相声演员李伟健、盲人歌手杨光、主持人王为念、评书表演艺术家田连元来了。胡松华动情地回忆说："记得前些日子还在家中和阎老相见，没想到这么快人就去了……他胸怀五湖四海、十分乐观、一身正气，他的笑声永远停留在我心中……"说到这里，心情哀伤的胡松华，不得不多次中断采访。

盲人歌手杨光也接受了采访，他回忆说：

阎肃先生是一位豁达开朗、特别有思想的老人，

文艺界的旗帜和楷模：阎肃

他特别爱帮助晚辈、后辈，你跟他聊任何东西、有任何困惑，他都会跟你说得特别清楚，所有事儿在他那儿都不是事儿。

我跟阎肃先生最多的交流就是在作品上，我问过阎肃先生：您怎么能把歌词写得那么好？先生就问我最喜欢哪首歌。我说最喜欢《女儿情》，这首歌角度太独特了，也最喜欢里边"鸳鸯双栖蝶双飞"等句子。

古筝演奏家张晓红也来参加追悼会送别阎肃。她深情回忆说：

说最初认识阎肃老师的时候，我还很年轻。那时刚刚进入空政文工团不久。我是演奏古筝的，当时赶上阎肃老师开始写《前门情思大碗茶》《故乡是北京》，音乐则选择了具有民族特色的乐器演奏，我就弹了古筝。

我在空政待了18年，转业以后在北京戏曲艺术职业学院音乐系工作，虽然离开空政，但每当碰到艺术上的问题、难题——比如我做项目——都还会向阎老师请教。当时为了请阎肃老师来指导那个项目，自己先给阎肃老师的夫人李文辉阿姨打了电话,没想到阎老师听了介绍就说,太好了,你做得对。这个项目最后能取得成绩,也跟阎老师的指导帮助密不可分,所以我今天专程来送别。

悼念群众纷纷在留言簿上签名悼念阎肃。有人写道:

携笔从戎写一生,光明磊落真英雄。
歌声曲曲红梅赞,永留青史在民中。

还有人写道:

心痛悲泪涌,德艺夕阳红。
此时春无色,哀思寄凄风!

泪落长安京国人,文笔从军六十年。
深入国人正能量,驾鹤西游水流长。

人们为阎肃的送别一直持续了近两个小时。临近

文艺界的旗帜和楷模：阎肃

11时，最后的告别行将结束，阎肃的遗体被抬上灵车。阎宇抱着父亲的遗像走出追悼会大厅，向现场的市民三鞠躬。前来悼念的群众自发地集体喊出："阎老一路走好！"

阎宇捧着阎肃的遗像，身后数人抬着阎肃的遗体，他们步入灵车，在哭声和祝福声中离去……

但仍有近百位群众不愿离去，一位眼泪汪汪的老人婉拒了记者采访，只是说了一句话："我只是个普通老百姓，只是来送送阎肃先生。"

灵车缓缓驶远，人群渐渐离去，仍有数十人在礼堂前肃穆伫立，他们仍在深情凝望，仍在默默告别，不时有人拍照，希望留住这最后的时刻……

一代艺术大师走了，但他永远活在我们心中。在亿万人民的心里，他永远是那个为实现中国梦、追梦筑梦的忠诚战士，永远是那个在中国社会主义建设洪流中勇立潮头、奋斗不息的时代先锋，永远是那个爱民、爱兵、爱穿军装、爱去军营，服务部队奉献社会的文艺标兵，永远是那个为祖国生、为革命长，品行高洁、德艺双馨的道德楷模！

长江黄河的波涛为你奔腾，大兴安岭的青松为你肃立,喜马拉雅的高峰向你致敬——为你"强军的风花雪月",为你把弘扬时代主旋律作为崇高使命!你是祖国和人民的骄傲,你是"时代楷模"的先锋!

一代艺术大师的忠魂陨落,亿万人民为你哀歌。你的英魂永存华夏大地,中华儿女的"时代楷模"万古流芳!

附录1

中共中央宣传部发布"时代楷模"阎肃的先进事迹

新华社北京11月29日电 中共中央宣传部11月29日在中央电视台向全社会公开发布"时代楷模"阎肃的先进事迹。

阎肃是空军政治部文工团创作员。从艺65年来,他始终坚定爱党报国的理想信念,牢记以人民为中心的工作导向,把弘扬时代主旋律作为崇高使命,把真诚为民为兵服务作为价值追求,创作了《江姐》《党的女儿》《长征颂》《红旗颂》《我爱祖国的蓝天》等一大批脍炙人口的红色经典,深受广大人民群众喜爱,感染和激励了几代中国人。党的十八大以来,他以80多岁高龄追梦筑梦,辛勤创作,参与策划多场重大文艺活动,为讴歌主旋律、汇聚正能量,繁荣发展社会主义文艺事业作出了突出贡献。

文艺界的旗帜和楷模：阎肃

近一段时间以来，阎肃的事迹经新闻媒体广泛报道后，在全社会引起热烈反响。干部群众和文艺工作者一致认为，在阎肃同志身上，充分体现了对党忠诚、服务人民的坚定信念，讴歌时代、铸就精品的责任担当，勇立潮头、追求卓越的奋斗激情，艺德高尚、淡泊名利的人格风范，他不愧为红心向党、追梦筑梦、德艺双馨的艺术家。文艺工作者纷纷表示，要以阎肃同志为榜样，深入学习贯彻习近平总书记在文艺工作座谈会上的重要讲话精神，全面贯彻落实《中共中央关于繁荣发展社会主义文艺的意见》，深刻认识自身肩负的庄严使命，坚持以人民为中心的创作导向，深入生活、扎根人民，努力做有修为、有作为、有担当的文艺工作者，为繁荣发展社会主义文艺，建设社会主义文化强国贡献力量。

"时代楷模"发布以"我们的价值观，我们的中国梦"为主题，现场发布了阎肃的先进事迹，宣读了《中共中央宣传部关于"时代楷模"阎肃的表彰决定》，播放了反映他先进事迹的短片，展示了中国楹联学会、中华诗词学会创作的反映他先进事迹的楹联、诗词和小传,向阎肃的亲属颁发了"时代楷模"纪念章和荣誉证书,大学生代表现场发表了感言。中宣部、总政治部、空军的有关负责同志参加。

(《人民日报》2015 年 11 月 30 日第 6 版)

附录 2

阎肃在全国文艺工作座谈会上的发言

(2014 年 10 月 15 日)

我称得上是中国人民解放军文艺战线的一名老兵。1930 年生，今年 84 岁，当兵当了 60 多年了。我是踏着前辈的足迹、读着前辈写的书、看着前辈写的戏、唱着前辈写的歌在军营里长大的。到现在依然在心里经常哼唱着"追上去追上去不让敌人喘气""打得好哇打得好来打得好""解放区的天是明朗的天"和"雄鸡雄鸡高呀么高声唱"那些歌，我热爱这支听党指挥、能打胜仗、作风优良的队伍，枕戈待旦、豪气干云！当然，我们也有风花雪月，但那风是"铁马秋风"、花是"战地黄花"、雪是"楼船夜雪"、月是"边关冷月"。就是这种肝胆、这种魂魄教会我跟着走、往前行，我愿意为兵服务一辈子！所以，我、我们，总是快乐地前行，沐浴着阳光和春风，心中常念叨的就是6个字:"正能量、接地气",在部队来说就是有兵味战味!

这个兵味战味体现在哪里?不外乎两条:一个是我们的作品,不管是一首诗、一首歌还是一部剧,都要说出战士的心里话,写出战士的真感情,让战士发自内心地去喜欢去传唱,让他们在冲锋陷阵时有无穷的力量,在军旅生活中有前进的动力,在成长历程中有精神的港湾。近年来,军队推出了一批强军歌曲,鼓士气、抒兵情、壮军威,唱出了当下军营的最强音,这是一个很好的导向。另一个是我们这些文艺工作者,还是要保持扎根军营、官兵"五同"的好作风。现在总政组织军队文艺工作者走基层、要求多下部队慰问服务,很多军队文工团也在搞下连当兵、多闻兵味,这样的举措好,我衷心拥护,很多去过的同志也都表示受益匪浅。军营是我们创作的沃土,战士是我们讴歌的主角,离开了这些,就没了兵味战味,甚至会变味。

然而,我们也不是生活在真空里,哪能"两耳不闻窗外事"?近年来,我总有一种"乱花渐欲迷人眼"的感觉。社会上绯闻、丑闻,花边桃色,作秀、作

文艺界的旗帜和楷模：阎肃

呕，低俗恶俗，纷纷闯入眼帘、聒噪不休，好像这才时髦夺眼球，甚至香臭不分、法纪不论，越黑越火，让我着实感到有点寒风飒飒。一开始，我以为只是偶然现象，一笑置之；渐渐地我从一些青少年的反映和津津乐道里，感到不可等闲视之；最后我感到冷风刺骨，不能就这样听之任之了。我们好像不能光看到评了多少奖、开了多少花，而要真看看移风易俗、社会风尚、流行风味儿了！更何况在人家不遗余力、重金营造、推而广之的情况下，我们有少数人还争先恐后摇旗呐喊、推波助澜，被市场、收视率牵着鼻子走，还津津有味、得意非凡，这还有点文艺工作者应有的良知吗？

所以，我一直在渴盼中央发出清晰有力的声音，重现文艺的朗朗天空。72年前，我们党开过一次文艺座谈会，叫"延安文艺座谈会"，明努力方向、开风气之先、启一代文风，正本清源，振奋了全国人民；今天，我举双手赞成开这样一次文艺座谈会，我期待着这次会议能够振聋发聩，润物扬帆。

我觉得，我们每一位以文艺为终身职业的从业者，我的同行们，都应该做到"四有"，那就是胸有大业，腹有诗书，肩有担当，术有专攻！我们还应该有"四艺"，那就是大义、道义之"义"，坚毅、毅力之"毅"，友谊、情谊之"谊"，然后才可以谈到艺术、文艺之"艺"。

"四有""四艺"，大家共勉，有偏颇之处，敬请指正。谢谢！

附录3

阎肃生平

中国共产党的优秀党员,德艺双馨的艺术家,文艺工作者的楷模,空军政治部文工团原创作员、一级编剧,著名词作家、剧作家阎肃同志(专业技术一级、文职特级),因病医治无效,于2016年2月12日3时07分在北京逝世,享年86岁。

阎肃,原名阎志扬,1930年5月9日出生于河北保定,1950年9月参加工作,1953年4月入党,1953年6月入伍,历任西南军区文工团分队长,空军政治部歌剧团编导组组长,空军政治部文工团创作员等职,曾担任中国戏剧家协会副主席、中国音乐文学学会荣誉主席,荣立二等功1次、三等功4次,荣获"文华奖""五个一工程奖"、第十二届"中国戏剧奖终身成就奖"、第八届"中国音乐金钟奖终身成就奖"、"中国歌剧艺术终身成就奖"等多个重大奖项,享受政府特殊津贴,被中宣部授予"时代楷模"荣誉称号，被中央电视台评为"感动中国2015年度人物"。从艺65年来，他以一片丹心、一腔热血、一身正气，始终模范践行党的文艺路线，始终坚持以人民为中心的创作导向，始终战斗在讴歌主旋律、弘扬民族精神第一线，创作出1000多部（首）深受人民群众喜爱、无愧于时代的精品力作，参与策划100多场重大文艺活动，为繁荣发展社会主义文艺事业作出突出贡献。

听党的话、跟党走是阎肃同志奋斗一生的信仰追求。一片丹心向阳开，是阎肃笔下革命者的铮铮誓言，也是他一辈子的生动写照。他出生于苦难深重的旧中国，1937年日本侵华战争全面爆发后，他随全家逃难到重庆，进入一所天主教教会学校学习，在修道院准备推荐他精修深造时，他最终选择报考重庆南开中学。从此，他开始接触《共产党宣言》《新民主主义论》等革命书籍，并在重庆大学求学时加入党的外围组织，投入爱国学生运动。1952年，作为共青团西南青年艺术工作队宣传员，阎肃两次赴朝鲜慰问志愿军。受志愿军指战员英勇无畏、不怕牺牲的革命精神鼓舞，朝鲜归来，他调入西南军区文工团，穿上军装。1953年4月，他光荣加入中国共产党。1955年，

文艺界的旗帜和楷模：阎肃

西南军区青年文工团撤销，他被编入空政文工团，一干就是60年。这60年里，他从年轻战士到耄耋老人，挺立风云不曾动摇，始终把自己的人生追求牢牢定格在做党的文艺战线忠诚战士上，无论顺境逆境，无论得意失意，无论面临什么样的严峻考验，他都矢志不渝地信党爱党跟党走，把对党、对国家、对人民的深厚情谊著成光彩夺目的锦绣华章，把中华民族最珍贵的精神宝藏化作永不过时的经典，多次受到党和国家领导人的接见嘉勉。1964年11月，被歌剧《江姐》深深感动的毛主席在中南海单独接见了阎肃，并送给他一套《毛泽东选集》。邓小平同志先后观看他创作的《红色娘子军》《江姐》，给予高度评价。1992年，他创作的歌剧《党的女儿》公演后，江泽民同志称赞"给我们上了一次生动的党课，让我们永远记住我们的政权来之不易"。2009年2月9日，胡锦涛同志接见首都文艺界代表时，与他亲切交谈，给予热情鼓励。2014年10月15日，他受邀参加全国文艺工作座谈会，提出军事文艺的"铁马秋风、战地黄花、楼船夜雪、边关冷月"，被习总书记肯定为强军文化的"风花雪月"。

倾心基层官兵、为战斗力服务是阎肃同志奋斗一生的价值追求。他最爱穿的是军装、最爱去的是军营、最爱写的是军歌。通过一部部作品，他把满腔的爱倾情回报部队，把全部的才华无私奉献给官兵，每一首军歌都成为激励官兵的"冲锋号"。为了使作品贴近部队、贴近官兵，他始终把深入基层、植根军营作为创作的源泉，无数次上高山、下海岛、走边防，足迹踏遍了空军几乎所有类型的单位。1960年春节刚过，他下连当兵锻炼。一年军营生活给了他无穷的创作灵感，《我爱祖国的蓝天》一挥而就，成为空军官兵最喜爱的歌曲。1987年，面对改革大潮，他一曲《军营男子汉》，以铿锵的独白阐释战士的光荣。2008年，四川汶川发生特大地震，受空降兵15勇士高空跳伞营救灾区人民事迹感染，他连夜创作出《云霄天兵》，唱尽战士豪迈。先后创作的《雪域高原》《长城长》《我就是天空》等一大批军旅歌曲，尽抒革命战士爱国报国、乐于奉献的壮志豪情，充溢着军人的阳刚之美、英雄之气，融入渗透到空军部队工作生活，汇入强军兴军火热实践，成为官兵精神追求的美好寄托、部队战斗力的特殊因子。

文艺界的旗帜和楷模：阎肃

高扬时代主旋律、承史传魂是阎肃同志奋斗一生的艺术追求。 60多年的艺术生涯中，他始终勇立时代潮头，创作的作品无不饱蘸沧海风云、彰显民族特色、传承华夏文化，持之以恒唱响时代强音。《敢问路在何方》问得"改革的路就在脚下"，《前门情思大碗茶》思得海外游子望乡情驰，《五星邀五环》邀来八方来客，共听中国故事、共传中国声音；《江姐》《党的女儿》《红色娘子军》《红灯照》，这一部部歌剧、京剧，也是中国文艺一个个前行足迹；《祖国颂》《回归颂》《长征颂》，这一台台重大晚会，更是中国精神一步步升华印记。《江姐》被誉为"中国歌剧的里程碑""民族艺术的瑰宝"，被数百家文艺团体排演半个多世纪，演出1000多场次。2009年新中国成立60周年之际，大型音乐舞蹈史诗《复兴之路》成为当时中国文艺舞台上的一大胜景，阎肃领衔文学部主任；2015年纪念中国人民抗日战争暨世界反法西斯战争胜利70周年之际，大型文艺晚会《胜利与和平》赢得热情赞誉，阎肃担任策划组成员和首席顾问。他还先后参与策划21届央视"春晚"、24届双拥晚会和7届全军文艺会演，深受观众喜爱。

宽人律己、淡名泊利是阎肃同志奋斗一生的境界追求。 60多年来，他以"只愿香甜满人间"的大爱胸襟，成就了人生的大格局大情怀大境界，被誉为文学艺术界的"常青树"。作为享誉全国全军的老艺术家，面对组织，他坚持"得意时不能凌驾组织之上，失意时不要游离组织之外"。他秉承干一行、爱一行的信念，哪个岗位缺人他就往哪顶，每项工作都争创一流；他坚守得之淡然、失之泰然、顺其自然、争其必然的人生信条，从未因职务待遇而患得患失；他坚持对上不伸手，周围拉紧手，工作有一手，把军人的荣誉看得重如泰山，把个人的利益看得淡如清水。面对耀眼的桂冠，居功不自傲、艺高不自满，永葆普通党员、普通老兵、普通文艺工作者的本色；对文艺新人倾心呵护、无私提携，甘当人梯、乐做嫁衣，把一代代优秀人才送上舞台、推上艺术大道；对家庭极端负责，是名副其实的"模范丈夫""慈爱父亲""可托付的大哥"。

阎肃同志的一生，是红心向党、追梦筑梦、德艺双馨的一生。坚守崇高的理想信念，把自己牢牢定格在做党的文艺战线忠诚战士上，坚决捍卫党的文艺阵地，是他贯穿一生的价值准则；不断超越自我，追赶着时代脚步，是他永葆艺术活力、谱写时代强音的艺术追求；恪守普通一兵本色，始终扎根军营、情系官兵，不为虚名所累，不为利益所缚，更是他一生一世真情回报社会、倾情奉献军营的不竭动力。他立起了军队文艺工作者的好样子，立起了引领社会风尚的时代标杆，立起了厚德宽达的精神丰碑。他的逝世，使我们失去了一位德艺双馨的艺术大家、一位军旅文艺战士的楷模、一位可敬可爱的良师。他的革命精神、高尚品质和优良作风永远值得我们敬重景仰。

长歌人生，岩岩若松柏之清举；赤子情怀，巍峨若高山之默立。

阎肃同志永垂不朽！

附录 4

阎肃创作的经典歌词 15 首[*]

1. 我爱祖国的蓝天

我爱祖国的蓝天,晴空万里,阳光灿烂,
白云为我铺大道,东风送我飞向前。
金色的朝霞在我身边飞舞,
脚下是一片锦绣河山。
啊,啊,水兵爱大海,骑兵爱草原,
要问飞行员爱什么?我爱祖国的蓝天。
我爱祖国的蓝天,云海茫茫,一望无边,
春雷为我擂战鼓,红日照我把敌歼。
美丽的长虹搭起彩门,
迎接着战鹰胜利凯旋。
水兵爱大海,骑兵爱草原,
要问飞行员爱什么?我爱祖国的蓝天。

(创作时间:1962 年)

---

[*] 本部分由中国人民解放军空军政治部文工团提供。

2. 红梅赞

红岩上红梅开，
千里冰霜脚下踩，
三九严寒何所惧，
一片丹心向阳开向阳开。
红梅花儿开，
朵朵放光彩，
昂首怒放花万朵，
香飘云天外，
唤醒百花齐开放，
高歌欢庆新春来新春来新春来。

红岩上红梅开，
千里冰霜脚下踩，
三九严寒何所惧；

红梅花儿开，
朵朵放光彩，
昂首怒放花万朵，
香飘云天外，
唤醒百花齐开放，
高歌欢庆新春来新春来新春来。
一片丹心向阳开向阳开！
红梅花儿开，
朵朵放光彩，
昂首怒放花万朵，
香飘云天外，
唤醒百花齐开放，
高歌欢庆新春来新春来新春来！

(创作时间：1964年)

3. 五洲人民齐欢笑

不要用哭声告别，
不要把眼泪轻抛，
青山到处埋忠骨，
天涯何愁无芳草！
黎明之前身死去，
脸不变色心不跳！
满天朝霞照着我，
胸中万杆红旗飘！
胸中万杆红旗飘，
回首平生无憾事，
只恨不能亲手，
亲手把新社会来建造。
到明天，
到明天山城解放红日高照，
请代我向党来汇报：
就说我永远是党的女儿，
我的心永远和母亲在一道。
能把青春献给党、献给党，
正是我无上的荣耀，
无上的荣耀！
到明天家乡解放红日高照，

请代我向同志们来问好，
就说在建设祖国的大道上，
我的心永远和战友在一道。
我祝同志们身体永康健，
为革命多多立功劳，
多多立功劳！
到明天，
到明天全国解放红日高照，
请代我把孩子来照料，
告诉他胜利得来不容易，
别把这战斗的年月轻忘掉；
告诉他当好革命的接班人，
莫辜负人民的期望党的教导。
云水急，卷怒潮，
风儿振，报春到。
一人倒下万人起，
燎原烈火照天烧。
狂飚一曲，
牛鬼蛇神全压倒；
红旗漫天，
五洲人民齐欢笑。

（创作时间：1964 年）

4. 绣红旗

线儿长，针儿密，
含着热泪绣红旗，
绣呀绣红旗。
热泪随着针线走，
与其说是悲，
不如说是喜。
多少年多少代，
今天终于盼到了你，
盼到了你……
千分情，万分爱，
化作金星绣红旗，
绣呀绣红旗。
平日刀丛不眨眼，
今日里心跳分外急。
一针针，一线线，
绣出一片新天地，
新天地……

（创作时间：1964 年）

5. 敢问路在何方

你挑着担,我牵着马,迎来日出送走晚霞。

踏平坎坷成大道,斗罢艰险又出发,又出发。

啦……啦……

一番番春秋冬夏,

一场场酸甜苦辣,

敢问路在何方,路在脚下。

你挑着担,我牵着马,翻山涉水两肩霜花。

风云雷电任叱咤,一路豪歌向天涯,向天涯。

啦……啦……

一番番春秋冬夏,

一场场酸甜苦辣,

敢问路在何方,路在脚下。

(创作时间:1984年)

6. 军营男子汉

我来到这个世界上没有想去打仗,
只是因为时代的需要我才扛起了枪;
失掉多少发财的机会丢掉许多梦想,
扔掉一堆时髦的打扮换来这套军装。
军营男子汉!
我本来可能成为明星到处鲜花鼓掌,
也许能当经理和厂长谁知跑来站岗;
但是我可绝不会后悔心里非常明亮,
倘若国家没有了我们那才不可想象。
军营男子汉!
真正的标准男子汉大多军营成长,
不信你看世界的名人好多穿过军装;
天高地广经受些风浪我们百炼成钢,
因为人民理解我们心头充满阳光。
军营男子汉!
军人的天职保卫国防,
啊……

(创作时间:1986 年)

7. 唱脸谱

外国人把那京戏叫做"Beijing opra",

没见过那五色的油彩楞往脸上画,

四击头一亮相,

(哇……) 美极了妙极了,

美极了妙极了,

(哇哈哈……) 美极了妙极了,

简直"ok"顶呱呱!

蓝脸的多尔敦盗御马,

红脸的关公战长沙;

黄脸的典韦白脸的曹操,

黑脸的张飞叫喳喳……

紫色的天王托宝塔,

绿色的魔鬼斗夜叉;

金色的猴王银色的妖怪

灰色的精灵笑哈哈……

一幅幅鲜明的鸳鸯瓦,

一群群生动的活菩萨,

一滴滴勾描一点点夸大,

一张张脸谱美佳佳……

(哇哈哈……)

(创作时间:1989 年)

8. 故乡是北京

走遍了南北西东，也到过了许多古城，

静静的想一想，我还是最爱我的北京。

不说那，天坛的明月，北海的风，

卢沟桥的狮子，潭柘寺的松；

唱不够那红墙碧瓦的太和殿，

道不尽那十里长街卧彩虹。

只看那紫藤古槐四合院，

便觉得甜丝丝，脆生生，京腔京韵自多情。

不说那高耸的大厦，旋转的厅，

电子街的机房，夜市上的灯；

唱不尽那新潮欢涌王府井，

道不尽那名厨佳肴色香浓。

单想那，油条豆浆家常饼，

便勾起细悠悠，密茸茸，甘美芬芳故乡情。

（创作时间：1989年）

9.前门情思大碗茶

我爷爷小的时候,常在这里玩耍,
高高的前门,仿佛挨着我的家。
一蓬衰草,几声蛐蛐儿叫,伴随他度过了那灰色的年华。
吃一串冰糖葫芦就算过节,
他一日那三餐,窝头咸菜就着一口大碗茶。
啦啦啦啦啦啦,啦啦啦啦啦啦,
啦啦啦啦啦啦,啦啦啦啦啦,
世上的饮料有千百种,也许它最廉价,
可谁知道,谁知道,
谁知道它醇厚的香味儿,饱含着泪花,
它饱含着泪花。

如今我海外归来,又见红墙碧瓦,
高高的前门,几回梦里想着它。
岁月风雨,无情任吹打,欲见它更显得那英姿挺拔。
叫一声杏儿豆腐,京味儿真美,
我带着那童心,带着思念么再来一口大碗茶。
啦啦啦啦啦啦,啦啦啦啦啦啦,
啦啦啦啦啦啦,啦啦啦啦啦,
世上的饮料有千百种,也许它最廉价,
可为什么,为什么,为什么它醇厚的香味儿,
直传到天涯,它直传到天涯。

(创作时间:1989 年)

10. 我就是天空

我是雷，我是风，

我是朝霞，我是彩虹，

我是雷，我是风，

我是朝霞，我是彩虹，

我就是天空。

一声雷，是一片热情的呼唤，

一阵风，送一番壮丽的豪情，

一缕缕朝霞浸透了亲人的欢笑，

一道道彩虹装点着祖国的繁荣。

哦，我挟着雷，驾着风，

披朝霞，舞彩虹，

把蓝天写满我忠诚。

（创作时间：1991年）

11. 雾里看花

雾里看花，水中望月，

你能分辨这变幻莫测的世界？

涛走云飞，花开花谢，

你能把握这摇曳多姿的季节？

烦恼最是无情叶，

笑语欢颜难道说那就是亲热？

温存未必就是体贴，你知哪句是真哪句是假，

哪一句是情丝凝结？

借我借我一双慧眼吧，

让我把这纷扰，看得清清楚楚明明白白真真切切；

借我借我一双慧眼吧，

让我把这纷扰，看得清清楚楚明明白白真真切切。

雾里看花，水中望月，

你能分辨这变幻莫测的世界？

涛走云飞，花开花谢，

你能把握这摇曳多姿的季节？

借我借我一双慧眼吧，

让我把这纷扰，看得清清楚楚明明白白真真切切；

借我借我一双慧眼吧，

让我把这纷扰，看得清清楚楚明明白白真真切切；

借我借我一双慧眼吧，

让我把这纷扰，看得清清楚楚明明白白真真切切……

（创作时间：1993 年）

12. 长城长

都说长城两边是故乡，
你知道长城有多长，
它一头挑起大漠边关的冷月，
它一头连着华夏儿女的心房。
太阳照长城长，
长城雄风万古扬。
太阳照长城长，
长城雄风万古扬。
你要问长城在哪里，
你看那一身身一身身绿军装。

都说长城内外百花香，
你知道几经风雪霜，
凝聚了千万英雄志士的血肉，

托出万里山河一轮红太阳。
太阳照长城长，
长城雄风万古扬；
太阳照长城长，
长城雄风万古扬。
你要问长城在哪里，
就在咱老百姓的心坎上。
太阳照长城长，
长城雄风万古扬；
太阳照长城长，
长城雄风万古扬。
你要问长城在哪里，
就在咱老百姓的心坎上，
心坎上……

（创作时间：1993 年）

13. 变脸

在天府之国哟，
我们四川噻，
有一种绝活既神奇又好看。
活脱脱一副面孔，
热辣辣一丝震颤，
那就是舞台上的川剧，
川剧中的变脸！
变变变变变变变看看看，
急如风快如电，快如电，
看看看看看看看变变变，
好潇洒，好浪漫。
说时不迟那时不慢，
难者不会会者不难。
任随你
远看近看，前看后看，
紧看慢看，左看右看，
上看下看，横看竖看，
便是好耍又新鲜！
脑壳一转，
面孔说变就变；
眼睛一眨，
不过瞬息之间，
名扬四海。

赞叹川剧变脸，
绝妙精彩，
根底它全在四川。
变脸变脸变脸，
变脸变脸变脸变脸变脸，
变脸！
变变变变变变变看看看，
急如风快如电，快如电，
看看看看看看看变变变，
好潇洒，好浪漫。
说时不迟那时不慢，
难者不会会者不难。
任随你
远看近看，前看后看，
紧看慢看左看右看，
上看下看，横看竖看，
便是好耍又新鲜！
接连变换那叫神气活现，
红黄白蓝简直变化多端；
反复锤炼技巧不断发展，
根深久远，老辈子代代相传。
变脸变脸变脸，
变脸变脸变脸变脸变脸，

变脸！
变出个赤橙黄绿青紫蓝，
变出个英雄豪杰奇争先，
变出个巴蜀儿女同心干，
变出个中华民族气象万千，
艳阳天万紫千红百花园！
变变变……

（创作时间：2003年）

14. 似水流年

问一问,

人的一生有几天?

算一算,

人的一生不过三天。

跑过去的是昨天,

奔过来的是明天,

正在走的是今天。

不要忘记昨天,

认真计划明天,

好好把握今天。

但愿明天,

今天已成昨天,

而你依然在我身边。

春梦无痕,秋夜缠绵,

如歌岁月,似水流年。

但愿明天,

今天已成昨天,

而我依然在你心间。

(创作时间:2007 年)

15. 风花雪月

行进队列中，昂首挺起胸，
一身阳刚正气，威武又光荣。
前进队列中，青春火正红，
呼啸风花雪月，燃我强军梦。
铁马雄风，激荡豪迈心胸，
战地黄花，抒发壮丽深情。
楼船夜雪，磨砺英雄肝胆，
边关冷月，照我盘马弯弓。
高歌队列中，心底在冲锋，
战胜一切强敌，我是中国兵。

（创作时间：2015 年）

后　记

2015年11月29日，中共中央宣传部在中央电视台向全社会公开发布"时代楷模"阎肃的先进事迹。

随后，在人民出版社领导和空政文工团领导的支持和指导下，我怀着向"时代楷模"阎肃学习的崇高敬意，于2016年新春之际完成了《文艺界的旗帜和楷模：阎肃》一书的编写，书中力求将一个集"红心向党、追梦筑梦的忠诚战士；勇立潮头、奋斗不息的先锋；服务部队、奉献社会的文艺标兵；品行高洁、德艺双馨的道德楷模"于一身的"时代楷模"阎肃的光辉形象展现给广大读者朋友。

都说阎肃的经典作品鼓舞了新中国几代人的成长，而我就是那"成长"的亲历者。50多年前，一曲《红梅赞》、一曲《绣红旗》让上高中的我们，学江姐，演江姐，也唱响了"红岩上红梅开，千里冰霜脚下踩……""线儿长，针儿密，含着热泪绣红旗……"

走上工作岗位后，我作为一名音乐老师，教给学生唱得最多、最动听的歌还是《红梅赞》《绣红旗》。

学习革命先烈江姐，耳边响起的，仍然是那曲《红梅赞》……今天的我，虽已两鬓霜染，历尽沧桑，却仍爱唱《红梅赞》《绣红旗》，这就是阎肃作品的魅力！因此，能够执笔为"时代楷模"阎肃写一部书，我从心底里感到荣幸与自豪！

　　本书在编写过程中，得到了空政文工团团长张天宇、政委李洲的大力支持。该团摄影师郭幸福为本书提供了大量阎老的工作生活照片，并提出了一些修改意见，谨在此向他们表示由衷感谢。

　　还要感谢阎肃老师的儿子阎宇，他在百忙之中审读了全书稿，感谢他对本书的大力支持。

　　愿"时代楷模"阎肃的光辉形象永放光芒！

李娟娟
2016 年 2 月

统　　筹：侯俊智　侯　春
策　　划：侯俊智　刘志宏
责任编辑：刘志宏　蒋益秀
责任校对：胡　佳
封面设计：美术组
版式设计：杜维伟

图书在版编目（CIP）数据

文艺界的旗帜和楷模：阎肃 / 李娟娟 编著．－北京：人民出版社，2016.3
ISBN 978－7－01－015880－8

Ⅰ.①文… Ⅱ.①李… Ⅲ.①阎肃（1930~2016）-先进事迹　Ⅳ.① K825.76

中国版本图书馆 CIP 数据核字（2016）第 037144 号

文艺界的旗帜和楷模：阎肃
WENYIJIE DE QIZHI HE KAIMO YANSU

李娟娟　编著

人民出版社 出版发行
（100706　北京市东城区隆福寺街 99 号）

北京盛通印刷股份有限公司印刷　新华书店经销

2016 年 3 月第 1 版　2016 年 3 月北京第 1 次印刷
开本：710 毫米 ×1000 毫米 1/16　印张：15.5
字数：105 千字　彩插：1

ISBN 978－7－01－015880－8　定价：38.00 元

邮购地址 100706　北京市东城区隆福寺街 99 号
人民东方图书销售中心　电话（010）65250042　65289539

版权所有·侵权必究
凡购买本社图书，如有印制质量问题，我社负责调换。
服务电话：（010）65250042